Mundo adentro vida afora

Autobiografia do berço aos trinta

CB045294

ANTONIO BIVAR

Mundo adentro vida afora

Autobiografia do berço aos trinta

L&PM 40 ANOS

Texto de acordo com a nova ortografia

Capa: Ivan Pinheiro Machado. *Ilustração*: "Niños en la playa" (1910), de Joaquín Sorolla, óleo sobre tela, Museo Nacional del Prado, Madrid.
Preparação: Jó Saldanha
Revisão: Lia Cremonese

CIP-Brasil. Catalogação na publicação
Sindicato Nacional dos Editores de Livros, RJ

B549m

Bivar, Antonio, 1939-
Mundo adentro vida afora: autobiografia do berço aos trinta / Antonio Bivar. – 1. ed. – Porto Alegre, RS: L&PM, 2014.
216 p. ; 21 cm.

ISBN 978-85-254-3169-1

1. Bivar, Antonio, 1939-. 2. Escritores brasileiros - Biografia. I. Título.

14-15729 CDD: 928.69
CDU: 929:821.134.3(81)

© Antonio Bivar, 2014

Todos os direitos desta edição reservados a L&PM Editores
Rua Comendador Coruja, 314, loja 9 – Floresta – 90220-180
Porto Alegre – RS – Brasil / Fone: 51.3225.5777 - Fax: 51.3221.5380

Pedidos & Depto. comercial: vendas@lpm.com.br
Fale conosco: info@lpm.com.br
www.lpm.com.br

Impresso no Brasil
Primavera de 2014

Sumário

1

Berço esplêndido

– Às vezes você desaparecia. A primeira vez te procuramos pela casa e nada. Saímos. Pomar, horta, nada. O banheiro ficava do lado de fora da casa. E lá estava você, sentadinho no cimento, brincando com a água. O chuveiro estava com um pequeno defeito e pingava na sua cabeça. E você, quietinho. Você sempre gostou de água fria. Desde pequeno. Seu pai também. Seu pai sempre tomou banho frio. Chuveiro frio para enfrentar o dia bem desperto.

A chácara onde nasci, em São Paulo, aos pés da Serra da Cantareira, cercada pela Mata Atlântica, ficava na Avenida Água Fria 81 (hoje número 1109 – no lugar tem um supermercado *Dia%*).

– E que idade eu tinha quando fui encontrado no quintal debaixo do chuveiro?

– Nem um ano. Com dez meses você já ensaiava os primeiros passos. Você sempre foi independente. E assim que começou a andar íamos te encontrar na horta. Em pé, ao lado de um canteiro, segurando o talo de um pimentão. Tinha comido o pimentão direitinho, deixando só o talo e as sementes. Ninguém te ensinou. Você aprendeu sozinho. Nessa época você já falava. Sua prima Anália gostava de pôr você para dormir. Depois de sua última mamadeira ela te ensinava a rezar ave-maria. Você, com dez meses, já sabia a ave-maria inteirinha. Do seu jeito, mas sabia.

Já com esses dados para começar a escrever minha autobiografia do berço aos trinta, deixo minha mãe na cozinha com a mão na massa a preparar os panetones para distribuir no Natal (panelas, colher de pau, leite, manteiga, farinha, ovos, açúcar, condimentos, frutas secas) e subo ao meu estúdio para escrever.

Se Jesus nasceu em uma manjedoura, pela foto que restou do lugar onde nasci fico feliz por constatar que, dos cinco filhos de meus pais, eu, o filho do meio, fui o único a nascer num casebre. Os outros quatro nasceram em casas melhores. Quando nasci, minha irmã Ana Eliza (Iza) tinha oito anos e Leopoldo, seis. Pelo que minha mãe conta, fui um bebê tão normal que chegava a ser especial:

– Dos filhos você foi, nessa fase de bebê e primeiros passos, o que menos trabalho deu. Para começar, durante a noite você dormia um sono só. E acordava sempre à mesma hora na manhã seguinte. E conta-se nos dedos as vezes que você fez pipi na cama. E durante o dia não tinha problema em ficar sozinho. Até gostava. E nunca chorava. Logo descobria com que se entreter. Assim que começou a andar, descia a escada e sumia. A chácara era grande.

Naquele tempo as estações obedeciam a certo rigor: verão era verão e inverno, inverno. Por ter sido *semeado* em julho, inverno, devo gostar do aconchego do lar, essa coisa de vida interior. E por ter sido dado à luz no outono, vi primeiro o mundo em sua sabedoria outonal, o que deve ter influenciado minha personalidade precocemente amadurecida. Mas como nasci em abril, também nasci destinado a ser sempre jovial. Mamei até os dez meses. Mamãe tinha pouco leite; tinha que completar com leite em pó. Depois, sopinha, papinha. Tia Lina dizia:

– Nossa, como ele é guloso!

Àquela altura o mundo passava por um racionamento por conta da ameaça da guerra que não demoraria a explodir. De acordo com o recenseamento de 1940, a cidade de São Paulo não chegava a 800 mil habitantes. Em São Paulo meu pai trabalhava como datiloscopista no gabinete de investigação da polícia estadual. Era mal remunerado. O presidente Getúlio Vargas, no comando da nação, estava pondo em execução a Lei do Salário Mínimo. Para ajudar nas despesas domésticas, mamãe costurava pra fora. Na chácara morávamos de favor, sem pagar aluguel. A chácara pertencia ao dr. Augusto Meireles Reis, advogado, comendador, provedor da Santa Casa, pessoa importante no governo – tinha escritório em sociedade com dr. Altino Arantes (que fora governador do estado). De família tradicional, dr. Meireles Reis já era idoso. Viúvo da primeira mulher (irmã do presidente Rodrigues Alves), com quem teve um filho, era casado em segundas núpcias com Anália de Lara Campos, irmã do Conde de Lara. Eram pais de sete, quatro mulheres e três homens. O caçula, José Meireles

Reis, era casado com tia Lina, irmã caçula de mamãe. Tio Meireles tinha um bom emprego na prefeitura e um automóvel importado. Naquele tempo o Brasil ainda não tinha indústria automobilística.

A Chácara Água Fria era grande. O casebre em que moravam meus pais e meus dois irmãos maiores, casebre onde nasci, ficava à entrada. A casa grande onde moravam meus tios e suas filhas Anália e Maria Helena, conta mamãe, era um casarão com alpendre em toda volta. No belo jardim os canteiros estavam sempre floridos. O gramado reluzia; o pomar e a horta, enormes. No chiqueiro muitos porcos e na granja muita galinha. Fazia dois anos que minha família vivia na chácara, quando nasci. E nela viveria mais dois.

Nasci às onze e meia da noite de 25 de abril de 1939, uma terça-feira. Mamãe conta que foi assistida pela irmã: – Foi o primeiro parto que Lina assistiu. – E a parteira era italiana, novinha. Ela morava ali perto com uma tia, também parteira. E mamãe conta que fui um bebê muito querido. Iza, minha irmã, confirma: – Você foi um bebê disputadíssimo. Eu, Anália e Maria Helena voltávamos correndo das aulas no Colégio Santana loucas para brincar com você.

– E Leopoldo? – pergunto, querendo saber como era meu irmão mais velho.

– Leopoldo pegava ovos das galinhas que estavam chocando e nos chamava, eu, Anália e Maria Helena, para irmos com ele até o barranco que havia num dos lados da chácara. Era um barranco muito alto. Leopoldo atirava os ovos lá embaixo pra gente sentir o fedor: eram ovos chocos.

A Chácara Água Fria fazia fundo com o córrego Mandaqui. Era quase um rio. Caudaloso e de águas límpidas e piscosas que iam desaguar no rio Tietê. Havia um barranco de mais de seis metros de altura, de onde, em junho, tio Meireles soltava enormes balões. Nos domingos papai fazia pipa para a criançada soltar. E armava arapuca pra pegar passarinho. Na chácara havia um cavalo chamado Guarani. Galopando o Guarani, tia Lina ia até a casa da tia Amélia, que morava em Tucuruvi. Nove anos mais velha que mamãe, tia Amélia era casada com tio Ambrósio. Eram pais de quatro. Mamãe conta que, dos dez filhos de vovô Fioravanti e vovó Elisa, tia Amélia era a mais bonita entre as seis irmãs. Mas naquele tempo Amélia não saía para visitar as duas irmãs que moravam perto. As irmãs é que tinham que ir visitá-la.

Tio Meireles se divertia provocando meu irmão. Leopoldo, irritado, chorava. Vovô Fioravanti, passando as férias na chácara e não gostando de ver o genro instigar o neto com brincadeiras sádicas, tomou Leopoldo sob seus cuidados e levou-o para centenas de quilômetros dali, onde morava. Mas nem lá Leopoldo tinha sossego: era tia Cizelda quem mexia com ele fazendo-o fumar para ficar tonto ou enfiando jornal amassado dentro de sua calça. Leopoldo ficava tonto com o cigarro, e tia Cizelda achava a maior graça. É que Leopoldo era um encanto quando furioso. Mamãe não achava direito o que faziam com o filho, mas, para viver bem com todos, aguentava calada.

Mamãe adorava cinema. Antes da mudança para São Paulo (portanto, antes de meu nascimento), nos quatro anos em que a família viveu na pequena São Simão, onde papai era chefe de polícia e getulista ferrenho, e onde, em melhores residências, nasceram Iza e Leopoldo, mamãe ia sempre ao único e familiar cinema da cidade. Papai sendo da polícia, a família não pagava ingresso. Papai não gostava de cinema. Mamãe carregava Iza ainda bebê, ou Leopoldo, ou ia acompanhada de vizinhas e crianças. Agora em São Paulo, vida dura, não sobrava tempo nem dinheiro para cinema, ainda que a safra fosse de ótimos filmes. Em compensação, tia Lina e mamãe liam muito. Tia Lina comprava livros, lia-os e passava-os para mamãe. Dessa época é a tradução de *Pollyanna* (por Monteiro Lobato), mas "o jogo do contente", inventado pela Pollyanna, mamãe já o praticava bem antes de ler o livro. O Brasil estava vivendo os anos do chamado Estado Novo. No estado de São Paulo os homens do poder odiavam Getúlio Vargas, e papai, getulista roxo, vivia envolvendo-se em situações que deixavam mamãe preocupada. De modo que se não se adentrasse no jogo do contente acabaria louca. Quando nasci, papai estava com 39 anos e mamãe com 31. Viveriam bastante – papai morreria aos 81 e mamãe com 92. Ao longo da vida dona Guilhermina jamais perdeu o juízo, ainda que motivos para perdê-lo não faltassem.

2

Visitas cariocas

Mas, voltando à vida na Chácara Água Fria, onde vivi os meus dois primeiros anos, mamãe conta da visita de sua sogra (vovó Apolônia) e do filho, João, quando eu ainda não era nascido. Mamãe conta que a visita durou um dia. Vieram de trem do Rio de Janeiro. Chegaram de madrugada e à noite foram embora. Tio João estava de férias e pela primeira vez voltando ao Brasil desde que se mudara para os Estados Unidos, aos dezoito anos. Lá, na costa californiana, trabalhava como engenheiro náutico. Nas fotos conservadas pela família, tio João aparece com jeito de bom caráter, alto, bonito, sanguíneo, pele e olhos claros, queixo forte e sorriso de bons dentes. Lá na Califórnia era casado com uma viúva determinada, mais velha que ele e mãe de dois. Pela foto tirada na sala bem-arrumada da residência californiana, parecem felizes. Tia Mildred, sorridente e dentuça. Depois de tantos anos nos Estados Unidos, tio João veio visitar a mãe e os irmãos, no Rio. Tia Mildred, temerosa de contrair doenças tropicais, preferiu não acompanhá-lo. Nessa visita, tio João quis ver o irmão que morava em São Paulo. Aproveitou para levar a mãe, que ainda não conhecia a nora. De modo que a viagem também foi boa para vovó Apolônia ver o filho, conhecer a nora e os netos. Como escrevi há pouco, nessa visita eu ainda não era nascido. Mamãe é quem conta. Vovó Apolônia era baixinha, mas, de qualquer modo, uma genuína Niemeyer de Bivar. Temperamento matriarcal dominador, não era de admirar que alguns dos filhos tenham se mandado para distâncias as mais longínquas: tio João para o Pacífico e papai para o interior do estado de São Paulo, onde conheceu mamãe; e tio Olinto, o filho mais velho, aos dezoito anos, embarcou no navio *Saturno* do Lloyd Brasileiro rumo ao Rio Grande do Sul para gerenciar a drogaria Krantz, em Pelotas. Muitas décadas depois, viúvo aos 105 anos, tio Olinto se casaria com a antiga empregada, de setenta anos, lá em São João da Barra. Ainda assim vovó Apolônia deve ter sido magnética, pois o resto da filharada permaneceu a vida toda nas cercanias de seu bangalô na Penha, Rio de Janeiro. Inclusive o neto mais velho, José Maria, filho do falecido tio Leopoldo e da vivaz tia Mocinha. Anos depois dessa visita da avó e do tio *americano* a São Paulo, José Maria foi como soldado da FEB lutar na Itália na Segunda Guerra. Voltou condecorado.

Mas voltando à curta visita da mãe e do irmão, papai ficou feliz. Mamãe também gostou de conhecer a sogra e o cunhado. E conta que a sogra, na grande sala de tia Lina na Chácara Água Fria, deixou escapar:

– Só esta sala é maior que minha casa inteira lá na Penha.

Eu devia estar com ano e pouco quando, também do Rio, vieram nos visitar a tia Arsênia (Cecena) e o marido, tio Armando. As visitas se hospedavam na casa grande da chácara. Tio Meireles e tia Lina eram generosos, e a casa tinha muitos quartos para hóspedes. Tio Armando, pelas fotos, era homem bonito e bem trajado. Tia Cecena, irmã caçula de papai, era alta, traços marcantes, de bem com a vida. Assim como papai, tinha as veias circuladas por um coquetel sanguíneo digno de registro. Além do sangue inglês do antepassado armador, corria também o sangue alemão dos Niemeyer e o ibérico dos Bivar. De ancestrais não menos famosos, seu trisavô foi Conrado Jacob Niemeyer. Este Conrado Jacob Niemeyer, que também vem a ser um dos ancestrais do arquiteto Oscar Niemeyer, era o segundo de um trio de homônimos, avô, filho e neto, todos militares. O primeiro deles foi coronel de engenheiros do exército alemão; o segundo, coronel de engenheiros do exército português, e o terceiro, também militar, é o mais verbetado nas enciclopédias da História do Brasil. Tenho a impressão de que a Avenida Niemeyer, que segue a orla a partir do Leblon, recebeu o nome em sua homenagem. Curiosamente, todos morreram em 14 de fevereiro. O primeiro, em 1806; o segundo, em 1862, e o terceiro, em 1905. Meu pai guardava entre seus papéis uma página da revista *Fon Fon* de 14 de fevereiro de 1914 com fotos dos três Conrados e a legenda: "Comemorando, hoje, a família Niemeyer o passamento de seus chefes de três gerações, *Fon Fon* aproveita a oportunidade para, registrando a data fatídica, oferecer a seus leitores supersticiosos a curiosidade desta coincidência".

O segundo dos três Conrados, do qual venho a ser tetraneto, foi pai de dona Firmina Herculana Mendonça de Niemeyer. Pernambucana de Olinda, Firmina Herculana casou com o soteropolitano Luís Garcia Soares de Bivar. Já vivendo no Rio de Janeiro, o casal teve como um dos filhos dona Anna Niemeyer de Bivar (minha bisavó), que se casaria com o respeitadíssimo professor José Moreira de Souza. Natural do Rio de Janeiro, nascido em 1845, José Moreira de Souza, que tirara provisão de professor público no Colégio D. Pedro II, segundo jornais antigos conservados por meu pai, foi um excelente professor – alunos seus tornaram-se eminentes figuras públicas como médicos, senadores e professores. Uma das filhas era justamente Anna Apolônia (minha avó), casada com Manoel da Graça Lima, filho de João Fernandes Lima e Clarinda, filha de William Walpp, o armador inglês vindo de Liverpool para construir navios no Espírito Santo.

Vovó Apolônia daria à luz treze filhos – dez homens e três mulheres – meu pai o sétimo e tia Cecena a última. Sendo assim, seu bisavô (meu tetravô) Luís Garcia era filho do não menos notório, pois entre outros envolvimentos dedicou-se à causa da independência do Brasil, e também muito verbetado Diogo Soares da Silva de Bivar, que descende de uma família (Suarès) que figura em todos os elencos da nobreza francesa, usando armas que são as dos Bivares portugueses com ligeiras alterações nos esmaltes e no número de faixas na partição onde estão representadas as armas de Aragão. E assim por diante até chegar ao meu pai e a mim. Na verdade eu pouco me interessava por essas histórias. Quando papai as repetia eu saía de perto. Só fui me interessar por elas bem mais tarde, na idade em que uns passam o tempo com palavras cruzadas e outros jogando paciência. Fuxicar esses antepassados passou a ser um passatempo temporário. Mas voltando ao Diogo [Soares da Silva] de Bivar, esse meu pentavô, que viera na corte de Dom João VI, estabeleceu-se primeiro na Bahia como jornalista, tendo ali publicado, em 1812, o *Almanaque da Bahia*, o primeiro do gênero que se imprimiu no Brasil. Esse Bivar foi também editor e principal redator do jornal *Idade d'Ouro do Brasil*, o primeiro periódico a aparecer na Bahia, sob o patrocínio do Conde dos Arcos. Casado com dona Violante Lima, este meu antepassado, além de pai do meu tetravô Luís Garcia Soares de Bivar, era pai da seriíssima Violante Atabalipa Ximenes de Bivar (e Velasco, depois de casada com João Antonio Boaventura Velasco, oficial da Marinha).

Violante Atabalipa Ximenes de Bivar e Velasco (nascida em 1.12.1817), que vem a ser minha tia em grau longínquo, é considerada "a primeira mulher jornalista do Brasil" (matéria no jornal *O Estado de São Paulo*, 1.XII.1940). E no jornal *A Gazeta* (2.12.1940): "Devemos à gentileza do sr. Antonio de Souza Fernandes Lima [meu pai], da família Bivar, a fotografia da insigne jornalista, que publicamos hoje, nos 123 anos de seu nascimento". E o texto continua: "De esmerada educação intelectual, senhora de lídimas virtudes, a sua história é um lindo romance, tendo, porém, um epílogo comovedor. Iniciada nos estudos de inglês, francês e italiano, inteligência clara e espírito ansioso e investigador, a jovem baiana, irradiando o esplendor de uma cultura invulgar, tornou-se figura de notável realce, qualidade incomum nas mulheres da época. Embevecida com os entretenimentos artísticos, não só conhecia também a pintura e artes decorativas como interpretava admiravelmente ao piano a música clássica, possuindo também linda e bem-educada voz. Com essas brilhantes qualidades foi naturalmente cortejada, despertando muitas paixões. Forçada a deixar a Bahia para acompanhar os pais que se mudaram para o Rio, na Capital do Império publicou diversos e interessantes trabalhos. Traduziu comédias, óperas e romances que popularizaram seu nome. Aos 35 anos editou *O Jornal das Senhoras*, recebido com muito entusiasmo. Joaquim Manuel de Macedo logo a alçaria como 'a primeira jornalista brasileira'. Foi o primeiro passo para as conquistas femininas. Após a morte de seu pai e de seu esposo, a notável escritora passou dias amargurados, 'uma grinalda de sorrisos que se encharcou de lágrimas'. Violante, porém, jamais abandonou as letras. Quando morreu, aos 58 anos, era editora-chefe da revista *O Domingo*. O historiador Barros Vidal, no livro *História e evolução da imprensa brasileira*, afirma que 'com Violante Bivar nasceu também a primeira compreensão, entre nós, do problema da emancipação feminina'."

Mas, continuando com o *delírio* dos Bivares, a coisa vai ao cúmulo de se acharem descendentes de Dom Rodrigo Diaz de Bivar, o lendário El Cid, herói galego que venceu os mouros na famosa batalha em Sevilha, onde hoje tem estátua equestre e é nome de avenida. No cinema esse Bivar foi interpretado por Charlton Heston, e sua amada Ximena por Sophia Loren.

Não é por jactância que conto tudo isso e sim para que eu mesmo entenda esse trem genético, ou seja, de onde venho pelo lado paterno, já que durante muito tempo tive a impressão de vir do nada.

Alta, bonitona, elegante, bem-vestida e ainda inconsolada pela recente perda de um primeiro filho, morto quando mal começara a viver e que teria a minha idade, tia Cecena se apegou a mim, que a chamava de tia Iê-iêna. Eu já ficava de pé sozinho e andava sozinho. Dirigido por tia Cecena e fotografado por tio Armando, nessas únicas fotos da minha longínqua primeira infância apareço ora correndo em direção à objetiva, postura de campeão olímpico, as pernas e os braços gordinhos e cheios de dobrinhas, a cabeça coberta de cabelos castanho-lisos, olhos vivos, o sorriso mostrando dois dentinhos, um braço estendido para o alto e a mão segurando firme a perna de uma boneca pelada como troféu de vitória, ora sentado no gramado abraçando uma bola, ora na cadeira de balanço ao lado de um macaco de pelúcia esgarçado em que faltava um dos olhos de vidro, brinquedos que certamente tiveram dias melhores, tendo pertencido a outras crianças, brinquedos para os quais talvez eu nem ligasse, mas então postos ali por tia Cecena para servirem de adereços nas minhas primeiras poses para a posteridade.

Graças às fotos feitas por tio Armando e tia Cecena, hoje posso ver imagens de quem fui quando ainda nem tinha consciência de sê-lo: um bebê saudável, feliz, um pouco rechonchudo, um bebê que, segundo minha mãe, não dava o menor trabalho e já se mostrava independente. E mamãe conta: "Por volta das seis da tarde, isso já com um ano e pouco, você subia sozinho ao berço e, sem precisar de ninguém para embalá-lo, você mesmo se embalava, balançando a cabeça de um lado para o outro no travesseiro de paina e cantarolando numa escala musical que você mesmo improvisava". E mamãe continua contando da temporada de tia Cecena e tio Armando na Chácara Água Fria: –"Eu não saía de casa, não conhecia nada de São Paulo, e eles, entusiasmados com a visita, queriam conhecer a cidade. Acompanhei-os ao estádio do Pacaembu, que era novinho, ao Butantã ver as cobras, a Pinheiros visitar um casal de amigos deles, e aqui e ali; nunca saí tanto. Nessa época estava passando *E o vento levou*. Cecena já tinha visto, no Rio. Era tido como o melhor filme até então e não se podia perder".

– E a senhora foi?

– Fui. No dia em que Cecena e Armando voltaram ao Rio. Deixei você com a Lina e fui à matinê, era o último dia. No Cine Metro, na Avenida São João. Fui e voltei de ônibus. Quatro horas de filme. Cheguei a casa já quase noite. Naquele tempo em São Paulo ainda garoava.

No último dos quatro anos de nossa família em São Paulo, o dr. Meireles Reis (pai de tio Meireles) conseguiu um ótimo emprego para papai na diretoria da fábrica de cerveja Brahma. Mas papai, como de costume, assim que a vida ia se acertando num lugar ele sofria nova recrudescência política, largava tudo, desaparecia por uns tempos até voltar a se juntar à família. Muitas décadas depois, papai já falecido, tio Meireles, numa conversa que tivemos em sua varanda em Marília, disse:

– Eu e teu pai nos dávamos muito bem. Havia entre nós uma cumplicidade de concunhados. No meu caso era a infidelidade conjugal; no caso do teu pai era o jogo.

3

VASSOURA DE VENTO VARREU

Depois do desentendimento com a diretoria na Cervejaria Brahma papai pediu demissão, deixou a família em São Paulo e foi procurar trabalho em outra cidade. Mês e meio depois deu notícia. Mandou que mamãe cuidasse da mudança e fosse com os filhos para a casa do pai dela, vovô Fioravanti, a cerca de quinhentos quilômetros de São Paulo. A viagem de trem levava um dia e meio. E assim deixávamos para sempre a Chácara Água Fria, indo para o mesmo lugar onde meus pais se conheceram, namoraram, noivaram e se casaram, lugar onde poderiam ter sido felizes para sempre não fosse a inquietude de papai, que sempre imaginava haver lugar melhor do que aquele em que estava. Nessa viagem, mamãe e os três filhos, na parada em Ribeirão Preto ela encarregou um tio de levar meus irmãos mais velhos – Iza, com nove anos, e Leopoldo, com sete – ao nosso destino final e permaneceu na cidade o tempo necessário para cuidar de meu batizado. Mamãe levou-me para ser batizado não muito longe, em Sertãozinho, onde vivia o casal escolhido para meus padrinhos, um casal de amigos, de uma amizade desenvolvida nos primeiros anos de casados de meus pais, em São Simão.

Tomamos o ônibus para Sertãozinho, mamãe, sua prima Ada e eu. Ao chegarmos uma linda mesa já estava posta à nossa espera. Mamãe conta que o meu batizado na matriz de Sertãozinho foi ao dia do meu segundo aniversário. Depois do batismo e do lanche meus padrinhos Acácio e Carolina fizeram questão de nos levar de carro de volta a Ribeirão Preto. Madrinha Carolina faleceu um ano depois. Mamãe dizia que minha madrinha fora uma das almas mais bondosas que já passaram pela terra.

E assim mamãe e eu tomamos o trem rumo à nossa residência temporária, que era a casa de vovô Fioravanti na Fazenda São Geraldo, da qual ainda era o administrador. Viúvo há sete anos, vovô continuava vivendo no casarão onde casaram tia Lina e tio Meireles, onde nasceu a Lídia de tia Amélia e tio Ambrósio, e onde papai conheceu mamãe e se casaram. Nessa mesma casa dali a um ano e duas semanas nasceria minha irmã Maria Guilhermina, que seria batizada com o mesmo nome da mãe e anos depois apelidada de Mané pela caçula Heloísa, que achava difícil pronunciar o nome da irmã.

Passado mês e meio, papai estava de volta. Seu sogro arranjou-lhe emprego de guarda-livros das fazendas que pertenciam ao aglomerado. Mamãe ficou mais tranquila, a família estava novamente reunida.

4

Fioravanti e Eliza, meus avós maternos

Com a abolição da escravatura, foram da Itália importados pela oligarquia latifundiária paulista milhares de italianos pobres para substituírem os escravos na lavoura. Jogados na terceira classe de navios zarpados de Nápoles ou Gênova, mês e meio depois eram despejados no porto de Santos e levados de trem serra acima para a Casa do Imigrante no bairro da Mooca, em São Paulo, de onde eram encaminhados aos destinos decididos pelos empregadores. No arquivo do computador do Museu do Imigrante em São Paulo, consta que meus avós italianos e suas famílias chegaram a Santos assim: no Livro Quatro, página 238, sobre os Battistetti: "Chegaram ao Brasil no vapor Bourgogne em 13/2/1887: Ferdinando (marido), Marianna (esposa); filhos: Fioravanti, Maria, Giuseppina, Genoveffa, Catterina, Ernesto". No Livro Treze, página 289, sobre os Gnan: "Chegaram ao Brasil no vapor La France em 2/10/1888: Luigi (marido), Clorinda (esposa); filhos: Eliza, Giovanni, Marcellino e Genoveffa; Ângelo (avô, viúvo) e Sante (sobrinho, solteiro)".

Vovô Fioravanti, nascido em 1870 em Foss'Alta Maggiori, um lugarejo entre Veneza e Treviso, tinha dezessete anos quando chegou a Ribeirão Preto. Logo já estava trabalhando. Um ano, sete meses e vinte e poucos dias depois, guiando uma carroça que transportava mais imigrantes italianos despejados na estação do Barracão (nome de um bairro de Ribeirão Preto, hoje bairro do Ipiranga) para conduzi-los aos seus destinos nas terras das cercanias, Fioravanti conheceu Eliza, que chegava com a família. Os Gnan vinham de Rovigo, região da Itália também parte do Vêneto. Um ano mais velha que Fioravanti, Eliza estava com dezenove anos ao chegar a Ribeirão Preto. Fioravanti se encantou com ela, que também gostou dele. Namoraram, noivaram, casaram e tiveram onze filhos: Sílvio, Aída, Guilherme, Amélia, Assunta, Cizelda, Fernando, Luiz, Guilhermina (minha mãe), Lina e Genebra. Só Genebra não sobreviveu, morreu aos onze meses. Dos outros dez, nenhum morreu antes dos setenta, e uma, Aída, passou dos cem. Fioravanti e Eliza foram um casal feliz até que a morte os separou, quando Eliza morreu, aos 64 anos e meio. Mamãe sempre mostrou emoção ao falar de sua mãe:

– Mamãe era maravilhosa, gostava de contar histórias aos filhos. Sempre tinha um exemplo para dar, essa minha querida e nunca esquecida mãezinha. "Quem pode dizer que não existe Deus", dizia minha mãe, "se Ele está em toda parte? Nas nuvens, no ar, nas flores, no azul do céu, no verde das matas, no dourado do pôr do sol, nas aves livres e alegres, onde quer que você possa pensar, aí estará o nosso Deus", dizia ela. Eu nunca esquecerei essa pequena em altura e grande em exemplos, que foi Eliza, minha adorada mãe.

Iza foi registrada com o nome de Anna Eliza; Anna, da avó carioca, a pedido de papai, e Eliza, da avó italiana, escolhido por mamãe. Quando Iza nasceu vovó Eliza ainda era viva. Morreu três anos depois. Vovô ficou viúvo e não mais se casou. Paparicado por tantos filhos e netos preferiu continuar viúvo. Mamãe conta:

– Papai também foi um pai maravilhoso. Severo, enérgico quando necessário, mas bondoso e amigo. Papai sempre foi muito apegado a mim, dizia que eu era mamãe escrita. "Você se parece muito com sua mãe", dizia. Todos nós tínhamos orgulho de papai por sua vida de trabalho, vida reta e honrada.

Daí, escrevendo este livro, peço a Mané que me acuda e descreva a função de nosso avô materno como administrador de fazendas. Mané pensa um pouco e começa, e conforme ela dita, eu escrevo:

– Dentro da diferença substancial na hierarquia social da época, Fioravanti Battistetti, entre os imigrantes italianos, destacou-se na faixa dos empregados mais categorizados. Formou treze fazendas de café e cana-de-açúcar e foi, durante 55 anos, administrador de fazendas de Francisco Maximiano Junqueira, conhecido como Coronel Quito (que era tratado como coronel, mas não era coronel).

Das boas lembranças da Fazenda São Francisco, a primeira das fazendas formadas por vovô Fioravanti, e onde nasceram cinco dos filhos caçulas, mamãe escreveu em suas memórias: "Nossa despensa era farta. Papai comprava tudo em grande quantidade: caixa de bacalhau da Noruega, dúzias e dúzias de azeite Bertoli, varal de linguiça e codeguim, toucinho para torresmo (não podia faltar no almoço), lataria de conservas. Em um canto da sala, sobre um cavalete, um barril de vinho italiano, com torneira. Para as festas de fim de ano papai comprava sacos enormes de nozes, avelãs, amêndoas, castanhas e uma carroça de melancia. No Natal mamãe distribuía essas frutas e as moedas que ela juntava durante o ano para as crianças da colônia que iam à nossa casa desejar boas-festas. E as crianças lá de casa se juntavam a elas e iam fazer o mesmo na colônia".

Quando a Fazenda São Francisco foi vendida, mamãe estava com dezesseis anos. Muitas décadas depois, no livro de memórias que escreveu para os filhos e netos, ela conta que coronel Quito foi claro ao dizer para o comprador:

– Vendo a fazenda, mas não vendo o administrador.

O administrador era vovô Fioravanti. Em 1920, quando da formação da Usina Junqueira, vovô Fioravanti foi o escolhido para administrar a Fazenda São Geraldo, sede de todo o complexo territorial, agrícola e industrial de Francisco Maximiano Junqueira.

Seguindo por uma reta arborizada de flamboyants, a Fazenda São Geraldo distava um quilômetro da encantadora vila da Usina Junqueira. Em grande estilo e entusiasmo vivia-se, então, a primeira explosão do açúcar e do álcool no estado de São Paulo.

5

O ÉDEN DOS MEUS VERDES ANOS

Na Fazenda São Geraldo vivi até quase os sete anos. Nossa casa agora era uma casa simples mas decente, localizada num lugar aprazível, cercada de verde por todos os lados. Tínhamos por únicos vizinhos os Strambi. Seu Mário e dona Antônia eram pais de quatro filhos. Seu Mário era o motorista de dona Sinhá. O marido falecera em 1938 e, viúva, dona Sinhá seguiu tocando tudo com entusiasmo redobrado. Dividia-se entre a Fazenda São Geraldo e Ribeirão Preto, onde tinha um palacete. E papai foi promovido a chefe do escritório da principal fazenda do aglomerado. O escritório da fazenda ficava ao lado da residência do administrador. O administrador já não era mais o vovô Fioravanti. Aos 75 anos se aposentou. O novo administrador era seu Nestor. Aposentado, vovô foi morar com a filha Cizelda, na vila da Usina. E o majestoso casarão na Fazenda São Geraldo, que fora sempre a residência de vovô e família desde que construída em 1920, passou a ser a residência do novo administrador e família. Eram baianos. Seu Nestor, a mulher (dona Santinha), as duas filhas (uma delas Lurdinha) e o caçula, Nestorzinho, cuja idade regulava com a minha e era meu amigo. Era a segunda casa mais imponente, depois da mansão em estilo rural inglês que era a residência de dona Sinhá, que ficava no outro extremo do jardim. O jardim, de tão grande, nele chamava a atenção, além das árvores frondosas, dos canteiros floridos e dos lindos pavões soltos, os grandes viveiros de ferro trabalhado no estilo art nouveau onde voejavam aves raras e as araras azuis e vermelhas treinadas para gritar "Sinhá" e educadas para não soltar impropérios. A Residência – como era chamado o solar – era agora habitada pelo gerente da Usina. Dr. Martiniano era sobrinho de dona Sinhá e casado com dona Dulce. Eram pais de Maria Odete (Dedete), que estudava em Ribeirão, e José Martiniano, que estudava em São Paulo. Dona Sinhá, que agora permanecia mais tempo no palacete na Praça XV em Ribeirão Preto, vinha com frequência passar dias na Residência, que de tão grande e tão bem servida de aposentos, também vivia recebendo e hospedando gente importante. E nós, que vivíamos o cotidiano do lugar, éramos, por assim dizer, o seleto grupo que formava a elite da Fazenda São Geraldo. Mamãe era amiga de dona Dulce. A Residência tinha nos fundos uma grande piscina. Mais além ficava o pomar bem cultivado, com frutas desde as conhecidas às mais exóticas. Atravessando o pomar chegava-se ao rio e ao ancoradouro dos barcos que serviam ao lazer dos hóspedes da Residência.

Não muito longe do núcleo da Residência, a uns cem metros indo pelo lado direito de nossa casa, ficava a serraria. A serraria era grande, nela trabalhavam carpinteiros e marceneiros a serviço de tudo de madeira que era preciso no aglomerado. Aos fundos da serraria passava o córrego. Na outra margem ficavam as habitações de feitores, colonos e trabalhadores braçais em geral, assim como a escolinha para os primeiros anos de alfabetização de seus filhos. Eram casas geminadas. Aquela parte era conhecida como Colônia. Nessa mesma margem, mas bem mais pra lá, já quase se imiscuindo ao canavial, ficava outro núcleo de casas geminadas, conhecido como Colônia Japonesa, onde moravam os imigrantes japoneses e suas famílias, todos trabalhadores da Fazenda São Geraldo e da usina, cujo sistema feudal, então, a todos dava a impressão de perfeito.

Iza, que desde a mais tenra idade sempre fora muito querida de dona Sinhá, agora aos onze anos, era muito amiga de Dedete, filha do gerente. Iza e Dedete eram da mesma idade, de modo que, nas férias escolares nossa irmã passava mais tempo na Residência que em casa. Nas horas que passava em casa, lia-me uma história. Sua voz, a inflexão, seu jeito tranquilo de interpretar o que lia, surtiam o efeito de me transportar. Eu jamais a interrompia, seguia embalado até ela resolver parar. O livro era *Cazuza*, de Viriato Correa. E na hora em que o sol dava sinal de que ia morrer atrás do bosque, era eu quem a acompanhava de volta à Residência, que na minha imaginação era o castelo. Iza era a princesa, e eu, apesar da pouca idade, tinha o maior prazer em escoltá-la, levando-a pelo caminho florido, sombreado e tortuoso até entregá-la sã e salva ao primeiro degrau da escadaria do castelo. Nunca era convidado a entrar, o que não tinha a menor importância. Instintivamente eu era consciente dos limites e deixava o resto ao sabor da imaginação. Sozinho, no caminho de volta, eu ficava deslumbrado ao ver, através de uma das vidraças do porão do castelo, um quarto com dezenas de bonecas maravilhosas, arrumadas ao modo hoje conhecido como *instalação*. Bonecas de fina louça, os corpos de material fofo, ricamente vestidas para encantar. Engraçado nunca ter procurado saber a quem pertenciam. Bastava-me imaginá-las não pertencendo a ninguém em particular, mas ali compondo a mítica da fabulosa Residência. Décadas depois perguntei a Iza, e minha irmã contou que eram bonecas importadas, francesas, austríacas, tchecas. Pertenciam a dona Sinhá, que na infância as colecionara.

Quando as férias terminavam, Iza e Dedete retornavam ao colégio interno, o Santa Úrsula, em Ribeirão Preto. Iam de trem em vagão de primeira classe acompanhadas por gente escolhida para levá-las; outras vezes iam de automóvel, o que Iza achava muito chique. No automóvel iam seu Martiniano, dona Dulce, Dedete e Iza. O motorista era seu Mário Strambi, o nosso vizinho. Naquele tempo as estradas não eram asfaltadas, e os pneus dos automóveis eram revestidos de correntes para não derrapar na lama, quando chovia. E quando não chovia, no trem ou automóvel, as pessoas usavam guarda-pó, um sobretudo de brim leve para proteger a roupa da terra vermelha e da poeira da região.

Lembro-me também de um último dia antes de Iza voltar para o colégio interno. Minha irmã brincava com as duas filhas do seu Nestor, o administrador. Sob o flamboyant florido, eu e Nestorzinho as assistíamos brincando de "três mocinhas da Europa". O abrir e fechar do que elas chamavam de "estojo", tirando o rouge, cônico, o batom, a caixa de pó de arroz, mais bojuda, de galalite rosa. Eram objetos que foram de mães, tias e primas já moças, mas que ainda mantinham certo resquício. Três meninas brincando de "mocinhas", fazendo-se de bem-vestidas e bem maquiadas, imitando moças e senhoras chiques frequentadoras de lugares elegantes. Imitando o fino sotaque francês diziam “restorrrân” ao falar de restaurante. Os artifícios femininos dessas “mocinhas” causavam em mim um encantamento somado a tantos outros nesses meus primeiros anos. Havia no desempenho delas algo de perfeição pré-adolescente. Não lembro que sensação o teatrinho delas causava em Nestorzinho, mas em mim, desde então, ficou inculcada a primeira noção do “eterno feminino”.

6

As artes de Leopoldo

Naqueles dias, o padre diretor do Colégio Diocesano de Uberaba escreveu uma carta ao meu pai pedindo que tirasse o Leopoldo do colégio. Seria melhor que assim fosse, dizia a carta, a ter a família que suportar o vexame de ver o filho expulso. Internado no colégio, Leopoldo era rebelde e indisciplinado. Meu irmão odiava a prisão do internato e se vingava em feitos os menos louváveis. Um dia, posto de castigo na sala do dentista, aproveitou que este não estava, ligou o motor e com a broca de abrir cárie fez vários buracos na parede. De outra feita, a mangueira carregada de frutas ainda verdes, Leopoldo conseguiu um pincel e uma lata de tinta amarela e pintou as mangas como se tivessem amadurecido da noite para o dia. Os alunos, os empregados do colégio e principalmente os padres professores, deslumbrados com o milagre que era a repentina transformação de mangas verdes em maduras iam gulosamente apanhá-las. Ao fazê-lo ficavam com as mãos impregnadas de tinta ainda fresca, que só saía com sabão de soda. Ao ser descoberto o autor do crime, não havia um, dos colegas aos padres, que não clamasse por castigo. Conta mamãe:

– Leopoldo só ficou um ano internado. Ele era muito levado. Atrapalhava as aulas.

O jeito foi tirá-lo do colégio. Leopoldo nunca mais quis escola. Nem chegou a terminar a primeira série ginasial. Na verdade queria mesmo era ser marceneiro. Os homens da serraria gostavam dele. Davam-lhe pedaços de madeira e deixavam-no usar as ferramentas. Com os carpinteiros Leopoldo logo aprendeu os nomes, os aromas e as texturas das diferentes madeiras. De vovô Fioravanti ganhou de presente serrotes e ferramentas próprias para criança. E mamãe conta que ficava embevecida vendo-o fazer brinquedos para Mané: mesinha e cadeiras, guarda-roupa etc. E como a serraria ficava perto de casa era lá que ele passava grande parte do dia aprendendo o ofício. Tornar-se-ia excelente marceneiro e um grande artista da madeira. Mas fumava. Ainda em São Paulo, instigado pelo tio Meireles, e, na vila da usina, por tia Cizelda, que se divertia assistindo ao menino tragar, tossir e ficar tonto, aos onze anos Leopoldo já estava viciado em cigarro. Mamãe se desesperava quando flagrava o filho fumando escondido. Uma vez o fez engolir o cigarro aceso. Leopoldo, arteiro que era, levou muita sova de mamãe. Mas não adiantou. Com o tempo até cheguei a pensar que mamãe gostasse mais dele que de mim. É que ela nunca me surrava. Nem na vez em que, xereta, fui pegar um caldeirão no fogão pra ver o que tinha dentro, estava fervendo, escapou de minha mão e caiu em Mané, que estava ao lado. Mané, que àquela altura tinha pouco mais de um ano, gritou de dor, toda coberta de feijão fervendo. Mamãe veio correndo acudir e quando viu o desastre me passou uma dura reprimenda. Mas não me bateu.

– Você nunca apanhou. O Leopoldo, que tanto apanhou e não aprendeu, fez com que eu chegasse à conclusão de que bater em filho não resolve.

Voltando às artes do Leopoldo, uma vez, fugindo de mamãe por conta do castigo que receberia por ter sido pego fumando, Leopoldo me sequestrou, levando-me para passar a noite com ele no paiol, que ficava não muito distante. O paiol servia também de guarita de milho, quirera e rações para galinhas e outros animais da fazenda. À noite o local era território exclusivo de ratos, camundongos e morcegos. Ao ruído do noturno festim diabólico tive a primeira e inesquecível emoção no campo do terror gótico.

Leopoldo estava com onze anos, e eu, com cinco. Em frente de nossa casa passava um trilho rumo à serraria, um trilho de bitola estreita para pequenos vagões transportadores de madeira. Um dia, assistido por alguns de seus colegas de traquinagem, Leopoldo me pôs num vagão vazio, cuja base era de vigas espaçadas. Eu ali sentado, Leopoldo empurrou o vagão; este, ao ganhar velocidade nos trilhos, foi declive abaixo rumo à serraria. Eu, apavorado, imaginando que fosse me arrebentar na parede lá embaixo, enfiava uma perna entre as vigas e, calcando o pé nas dormentes, tentava frear o vagão em alta velocidade descida abaixo. Quando o vagão finalmente estacionou onde tinha que estacionar, eu estava aos gritos sentindo uma dor que até então jamais sentira. Aos berros fui me arrastando de volta. De lá meu irmão e seus amiguinhos rachavam de rir pelo susto em mim pregado. Leopoldo não imaginava o que de fato havia me causado. Uma brincadeira que terminara bem, uma vez que eu estava são e salvo embora aos berros. Naquele e nos dias seguintes eu não conseguia ficar em pé. A dor era tanta que eu não parava de chorar. Preocupada, mamãe, que não sabia exatamente o que ocorrera, pois, claro, Leopoldo, com medo de levar uma sova, a ela nada contara, procurou o médico que cuidava do povo da usina. Dr. Prata (pai do escritor Mário Prata, que ainda não tinha nascido) me examinou e viu que eu estava com a perna direita fraturada. Mamãe deixou Mané, papai e o próprio Leopoldo em casa e me levou de trem a Ribeirão Preto. Naquele tempo eram muitas horas de viagem, e eu não parava de chorar pela dor lancinante. No Hospital São Francisco, depois de raios X e o resto, a perna foi engessada e tomamos o trem de volta. Mamãe lembrará sempre:

– Você ficou 45 dias com a perna engessada. Foi a primeira vez que você se mostrou intolerante. Você, que sempre foi um anjo, que nunca reclamou de nada e não dava trabalho algum, naqueles 45 dias, confinado por causa do gesso, ficava impaciente e irritadíssimo. Revoltado, deitado no assoalho de cimento da cozinha, você erguia bem alto a perna engessada e a soltava, pra que o gesso se rompesse.

Daí chegou o primeiro Natal do qual me lembro. Dividia o quarto com Mané quando, à luz da meia-lua e do céu estrelado vi entrar pela janela o Papai Noel. Eu fora preparado para sua visita. O velhinho tinha que deixar tanta coisa em tantos lares pelo mundo que mamãe me fez entender que eu não devia reparar na simplicidade do presente a ser deixado na meia. Numa época em que não havia televisão nem a propaganda para o consumo desbragado feito a de hoje, e mesmo porque o mundo lá fora estava em plena guerra e o racionamento era global, nem passava pela minha imaginação que presentes pudessem ser, de tão fantásticos, coisas do outro mundo. Nesse campo eu também era a inocência personificada.

Aguardando-o eu não conseguia pregar no sono. Quando Papai Noel entrou eu estava acordado. O vi entrando pela janela, e de modo tão digno deixando o presente na meia e indo embora pela janela noite afora. Nem deu para ver se ele estava vestido de cetim vermelho, a barba e o capuz. Era o Papai Noel e pronto. Deixei para ver o presente de manhã cedo e dormi um sono só. De pura felicidade. Na manhã seguinte, que contentamento! Papai Noel havia me deixado uma caneca verde esmaltada e salpicada de florezinhas e um livrinho do *Zé Carioca*. Meu café com leite nessa manhã natalina foi na canequinha. E o livrinho de *Zé Carioca* também trazia o Pato Donald, o Pluto, o Mickey e todo aquele pessoal.

Pedi à mamãe que me ensinasse a ler e escrever. E ela o fez ensinando-me a juntar uma letra com outra, vogal e consoante, e formar sílabas, sons e depois palavras. Logo aprendi a escrever meu nome. Mamãe ficava feliz com o meu interesse, sem descuidar das panelas no fogo.

Ainda que a guerra acontecesse longe do Brasil, o racionamento era mundial e o salário de papai era baixo. Mamãe ajudava costurando pra fora na Singer que ganhara do pai aos treze anos. E também fazia doce para vender. De modo que dia e noite o fogão de lenha ficava aceso. Seu Martiniano, gerente da usina, conseguiu uma vez trinta quilos de açúcar fora do racionamento. Goiabada, bananada, doce de laranja, manga, doce de leite, amendoim, geleia de pitanga. Décadas depois, em suas memórias escritas para a família, mamãe escreveu: "Eu fazia doce, costurava até meia-noite, criava galinha e tinha quatro filhos".

Enquanto isso eu seguia maravilhado com o fascinante mundo das letras, das palavras, das frases, das histórias. E em dúvida corria a perguntar à mamãe se estava certo. E ela, tão atenciosa comigo quanto com a goiabada no tacho, dizia que sim, eu tinha escrito certinho.

7

A visita de vovó Apolônia e tia Bonita

Tia Lina e tio Meireles, não muito tempo depois, também se mudaram de São Paulo para perto de vovô Fioravanti. Na vila da Usina, tia Lina era a dona da pensão, e tio Meireles trabalhava no escritório central. Tia Cizelda morava do outro lado da praça. Geminada à sua casa, no lado direito, ficava a sede do Correio e Telégrafo da qual tia Cizelda era a agente. Tinha como assistente a Leonor, moça bonita, solteira, filha de dona Brasilina. Tio Chiquinho, marido da tia Cizelda, era o chefe da serralheria da usina. No outro extremo, à esquerda, ficava a suíte de vovô Fioravanti. Dona Sinhá, quando a vila da Usina tomou forma de cidade, mandara construir essa casa e correio, nela incluindo uma generosa suíte para vovô Fioravanti viver tranquilamente seus anos de viúvo aposentado. Viúva como ele, dona Sinhá tinha especial afeto por Fioravanti. A casa possuía também um grande terraço de frente para a bem-cuidada praça. No quintal ficavam a despensa, a lavanderia e os aposentos das empregadas, Romilda, a mais velha, e Elza, ainda mocinha. Ambas negras e bonitas. Romilda era um tanto debochada. Elza era a pureza em pessoa. Inteligente e vivaz, de sorriso sincero e cativante, Elza Pereira Pardim tornar-se-ia minha melhor amiga e confidente. Elza e Romilda cuidavam da casa com tal esmero e de tal modo, o assoalho tão brilhante, que eu mal chegava e tia Cizelda ia logo ordenando:

– Limpa os pés.

Das três filhas de Cizelda e Chiquinho, Cida era casada com Abrão, o químico da Usina, e Geny era casada com Wilson (apelidado "Tenente"), que trabalhava no escritório central. Moravam em duas casas abaixo da casa da tia Cizelda. A mais nova das três irmãs, Creusa, casada com o primo Paulo Morgan, filho da tia Amélia, morava em São Paulo. As três eram professoras.

Assim, tirando Creusa, que morava a quinhentos quilômetros, moravam todos na vila da Usina, menos mamãe e família, que continuavam na Fazenda São Geraldo. Uma noitinha fui com mamãe visitar os parentes na vila da Usina. Foi uma experiência da qual eu jamais esqueceria. Mamãe e eu fomos caminhando pela estrada escura e mais escura ainda porque as árvores cerradas escondiam o céu, a lua e as estrelas. Mamãe segurava minha mão, distraía-me com histórias agradáveis e seguíamos tranquilamente pela estrada, mesmo sem enxergar direito onde pisávamos. Era tão boa a sensação de segurança e paz que minha mãe transmitia que nem senti medo da escuridão. A experiência fez com que eu nunca mais temesse escuridão. Mais ou menos nessa época chegaram do Rio de Janeiro a vovó Apolônia e a filha, tia Bonita, uma das irmãs de papai. Vieram passar uma temporada conosco. Anos depois pedi à mamãe que contasse como foi a temporada. Mamãe contou:

– Sua avó ficou um mês e meio conosco. Ela e Bonita vieram do Rio fugindo do marido de Bonita, que queria matá-la.

O motivo pelo qual o marido de Bonita queria matá-la esqueci de perguntar à mamãe, mas, pelo que sei, Bonita, que tinha sido uma jovem muito linda, daí o apelido de Bonita, tivera meningite e ficara não só feia, esquálida, o cabelo em tufos desalinhados, mas também se tornara abobalhada e, coitada, muito chata. Tinha um único filho, Dimas, o qual, criado por outra irmã de papai, tia Bebé, tornar-se-ia, pelas raras notícias que dele nos chegavam, um bem-sucedido escroque. Então, continuando, vovó Apolônia e tia Bonita vieram passar um tempo conosco na Fazenda São Geraldo. Segundo mamãe, sua sogra queria conhecer dona Sinhá por causa dos aviões que ela doara para a campanha *Aviões para o Brasil*, de Assis Chateaubriand. Mamãe conta que papai conseguiu com que vovó Apolônia fosse visitar dona Sinhá na Residência.

– Elas ficaram conversando, duas velhas. Porque, então, dona Sinhá também estava velhinha. Miudinhas, as duas.

8

A CAMINHO DA ESCOLA

Aprendi a ler com mamãe e papai e logo depois continuei sozinho. Papai, feliz com o meu progresso, de bom grado também me ensinava a arte da caligrafia. Papai assinava apenas uma revista, *A Família Cristã*. Na quarta capa vinha sempre uma história seriada, em quadrinhos atraentes e cores vivas. Dessas histórias a que mais me tocou foi *O príncipe feliz*. Com certeza eu não tinha mais que seis anos. Fiquei profundamente sensibilizado com a história e guardei o nome de seu autor, Oscar Wilde, que iria se tornar um de meus escritores favoritos.

Também aos seis anos me apaixonei por uma capa de revista. Apareceu em casa um número da revista *O Cruzeiro*. Na capa o rosto de uma moça que me pareceu a mais linda de todas. Folheando a revista, na última página, embaixo no canto esquerdo havia uma pequena reprodução da capa identificando a garota. Seu nome: Myrna Dell. Passaria anos procurando por ela nas revistas tentando provar a mim mesmo que Myrna Dell não era produto de minha imaginação. Até que consegui. Numa enciclopédia de cinema. Mas muito pouco. Tratava-se de uma *starlet* de Hollywood. Myrna Dell, em suma, nunca chegou ao estrelato. Fez algumas pontas e sumiu. Mas seu rosto na capa daquele número de *O Cruzeiro* de meados da década de 1940 ficaria para sempre fixado na galeria da memória. Conversando com mamãe, ela contava:

– Aos seis anos você já queria ir à escola. Pedimos à diretora para deixar você assistir as aulas como ouvinte. Ela deixou. Ela dizia que você era muito inteligente. Não me lembro do nome dela. Era mulher do dr. Aristides, o parteiro da Heloísa. A Geny, sua prima, foi sua primeira professora.

Eu era o mais novo de um grupo de seis ou sete meninos que ia pela estrada, desde a Fazenda São Geraldo até a escola na Usina.

Os outros eram meninos matriculados no primeiro, segundo ou terceiro anos. De ouvinte, só eu. Logo num dos primeiros dias, na estrada, um menino garantiu-me, enquanto os outros esperavam minha reação, que Papai Noel não existia. Fiquei com aquilo na cabeça esperando ansiosamente a hora de voltar para casa e perguntar à minha mãe se era verdade. Mamãe confirmou. Mas o fez de jeito tão natural que aceitei o fato sem sofrimento. E logo tirei o Papai Noel da cabeça. O que para mim foi um alívio. E para meus pais também, já que não precisariam mais sofrer pela falta de dinheiro para presente de Natal.

Nosso uniforme escolar (mesmo como ouvinte eu tinha que usar uniforme) era camisa branca de manga curta, calça curta de brim azul, suspensório do mesmo tecido e sapato sem meia. Éramos um grupo alegre. Íamos a pé, uma caminhada de quase dois quilômetros. Como éramos um bando, a maioria achava mais divertido entrar pelos corredores do canavial para chegar aos eucaliptos que cercavam o fundo da vila e dali saltar algum muro e chegar ao Grupo Escolar. Às vezes a imaginação de algum mais sabido inventava de embrenharmos canavial adentro derrubando cana com a sola do sapato em pisadas firmes, procurando ser esperto para não ser cortado pela lâmina afiada das folhas. Fazíamos uma clareira, inventando que ali era o nosso esconderijo. O mais velho do bando, devia ter uns nove anos, era dado a repetir palavras da Bíblia ensinadas pelo pai: "O mexeriqueiro revela o segredo, mas o fiel de espírito o mantém em oculto". Essas distrações eram curtas, chegávamos até cedo na escola; no pátio, até soar o sino chamando às classes para início de aula, o bando se separava e cada um ia procurar a turma com a qual tinha mais afinidade. Como aluno ouvinte eu sentia certo constrangimento por ter que tratar a professora (por sinal ótima professora) por "dona Geny", como os alunos a tratavam; isso porque a professora era minha prima e ainda que fosse uns dez anos mais velha até então eu a tratara simplesmente por Geny. O grupo escolar era misto, mas no recreio os meninos quase não se misturavam com as meninas, que ficavam mais entre elas. Os alunos em geral levavam o material escolar num embornal feito pela mãe, assim como a lancheira com alguma coisa para enganar o estômago até voltar para casa e almoçar. Cada carteira tinha sua cavidade para lápis e caneta assim como o buraco com o tinteiro de vidro. Ainda não se usava caneta esferográfica. Levantando o tampo havia um compartimento onde se guardava o material escolar e o lanche (até o sinal de recreio). Cada aluno tinha a sua cartilha ilustrada com todas as matérias e questionários. Por ser aluno ouvinte não ganhei cartilha. Acontecimentos (muito) especiais eram raros e quando sucediam ficavam gravados para sempre. Foi no dia 12 de maio de 1945. Era manhã de um dia *útil.* Terminada a aula no grupo escolar, ao invés de voltar com o bando para a Fazenda São Geraldo, fiquei perambulando pela vila. Estranhei as ruas estarem vazias. Não se via nenhum adulto, apenas alguns meninos brincando, e eu era um deles. Repentinamente de dentro de todas as casas as pessoas saíram gritando:

– A guerra acabou! – A guerra acabou! – Acabou a guerra!

Da casa da família Aronson; da casa das Fantucci; da casa dos Romaike, dona Orico da quitanda, Irma, a namorada do Carlito Nirsch, filho do seu João Nirsch, que na época de Natal fazia presépios mágicos, com figuras que se movimentavam, vaquinha que bebia água no poço do monjolo, o menino Jesus deitado na manjedoura levantando e baixando os bracinhos, os Reis Magos que iam para frente e para trás, o trenzinho que entrava e saía do túnel, o genial seu João Nirsch, que no carnaval também criava alegorias lindas como que trazidas de seu gene austríaco para o calor de uma animada usina de açúcar. Enfim, de todas as casas o povo saía gritando:

– A guerra acabou!

Aquilo me pegou despreparado. As pessoas me pareciam exageradas. Ali não tinha guerra nenhuma! É claro que eu já vinha ouvindo falar da guerra. Para começar nasci em 1939, o ano em que essa guerra começou. E nasci até uns meses antes de a guerra começar. De modo que cresci ouvindo falar de guerra. Os adultos não falavam de outra coisa. Mas era um papo tão adulto e tão distante que eu nem prestava atenção, saía de perto. Mesmo porque meu mundo era só paz e felicidade. No ano seguinte eu seria matriculado no primeiro ano do grupo escolar. Mamãe estava grávida, esperando o quinto filho. E continuava trabalhando com a obstinação de sempre. Até poucos dias antes de Heloísa nascer mamãe fez, de uma vez só, quinhentos quilos de goiabada. Sem ajuda de ninguém. Era um recorde. De tanto mamãe ficar ao fogo de lenha cozinhando e fazendo doce, Heloísa nasceu tão vermelha que papai a apelidou de "Heloísa goiabada". Ela estava com quinze dias quando nos mudamos para a Usina. Nossa casa agora era a pensão, que tia Lina passou para mamãe. Tio Meireles, com a boa influência do pai, dr. Meireles Reis, fora nomeado fiscal do Banco do Brasil em Marília e para lá se mudaram. Nessa época Marília era uma cidade nova, ainda em formação, e alguns dos irmãos de mamãe, verdadeiros pioneiros, haviam se transferido para lá com suas famílias.

O ano era 1946. Matriculado no primeiro ano, meu professor era um moço legal chamado Hélio Albertin, "seu Hélio". Fora da escola era Hélio, porque era jovem e na vila jovem era tratado diretamente pelo nome e os mais velhos por "seu" e "dona"; "tio" e "tia" só quando eram realmente tio e tia; se fosse o caso de pedir alguma informação a alguém desconhecido, maduro ou mesmo velhíssimo, se fosse homem, "moço"; se mulher, "moça". Assim: "Moça, onde fica a horta?". A moça em questão podia ser uma senhora com idade de bisavó, mas reconhecida pela gentileza com que fora chamada de "moça", nos dava a informação de modo simpático e preciso.

Não tenho nenhuma lembrança das aulas nos quatro anos da escola primária. Devo ter sido bom aluno, tirava sempre boas notas e passava de ano como se passar de ano fosse uma coisa corriqueira. Concluído o primário prestei exame de admissão ao Ginásio Estadual de Igarapava. Fui aprovado em primeiro lugar, com as notas mais altas. Seu Hélio, meu professor no primário, fez questão de me dar os parabéns.

9

Dona Odracyr

A pensão ficava na praça. Em torno da praça também estavam o grupo escolar, a quitanda da dona Orico japonesa, a farmácia com o pronto-socorro, o Correio e Telégrafo da tia Cizelda, o clube popular e o escritório central da Usina onde papai era chefe de seção. Ao lado do grupo escolar estava sendo construída a Igreja de São Geraldo. Dona Sinhá devia ser devota do santo, pois escolhera seu nome para a principal das fazendas e agora para dar nome à igreja da Usina.

A praça era bem projetada. Canteiros floridos, um que outro arbusto com flores exalando perfumes sutis, e à sombra de árvores frondosas bem distanciadas umas das outras havia bancos de mármore com apoio para as costas. Em ocasiões festivas a banda de música tocava no coreto e artistas improvisados ali se apresentavam. Era uma praça familiar e todos a usufruíam. Era o lugar perfeito para as crianças brincarem, e para os jovens o lugar mais romântico para namoro discreto. Depois da janta alguns casais iam à praça casualmente encontrar outros casais e jogar conversa fora, comentar as novidades locais e os assuntos do mundo que chegavam pelo rádio, jornais e revistas. Por ser uma comunidade relativamente recente os habitantes da Usina eram gente vinda de tudo que era lugar. Gente que ali se adaptou muito bem e que nem por isso deixava de transmitir alguma coisa de seus hábitos de origem. Gente que tinha raízes europeias, árabes, asiáticas, africanas, e de outras regiões do Brasil e até mesmo uma que outra raiz autóctone. Entre os funcionários da Usina havia químico, serralheiro, dentista, escrivão, datiloscopista, médico, professor, operário, camponês, maestro da orquestra e outros com alma de artista.

Mamãe ficou dois anos com a pensão. Tinha que alimentar muita gente e ainda continuar fazendo doces, por isso agora contava com três empregadas. Os doces eram cuidadosamente embalados em papel manteiga e armazenados em prateleiras de madeira em um cômodo que mamãe escolhera só para eles. Costurar, agora, só roupa para a família.

Os pensionistas de mamãe eram engenheiros, químicos, geralmente moços ainda solteiros, ou, se recém-casados e em começo de carreira, deixavam para trazer a esposa assim que bem estabelecidos no emprego. Provisoriamente, seus quartos ficavam na casa ao lado, à direita, transformada em dormitório. Na pensão só faziam as refeições.

Mamãe, com as três empregadas, dava um duro danado, para ajudar nas despesas da família. Papai era chefe de seção no escritório central e, como sempre, devia ganhar pouco. Iza continuava interna no Colégio Santa Úrsula, em Ribeirão Preto, de onde vinha só nas férias. Leopoldo trabalhava na oficina. Era popular com todo mundo e tinha algo de gênio. Por ser genial, continuava aprontando as dele. Heloísa ainda era bebê, e Mané, três anos mais nova que eu, era quieta, séria, um pouco míope. De uma inteligência serena, sempre caseira, muito ligada à mamãe, era diferente de todas as meninas, fossem elas da sua idade, mais velhas ou mais novas. Jamais maldosa ou maliciosa, era observadora e discreta. Era um anjo e, como anjo, eu, irmão mais velho e mais vivaz, sentia-me seu protetor, embora, no fundo, acredito, fosse ela, por sua simples existência, quem me transmitia proteção. Mané tinha os cabelos longos e lisos presos em duas tranças feitas por mamãe.

Por ser um lugar pequeno, todo mundo estava acostumado a se ver e a conviver, e meu fascínio maior era pelas professoras. Devia haver na minha personalidade em formação um lado espontâneo de observador do belo sexo. Do belo sexo local as professoras me pareciam as mais seguras de si. Tinham uma aura de glamour que eu admirava. Além de Cida e Geny, minhas primas professoras, já casadas e com família constituída, e cujas casas na praça eu frequentava a qualquer hora do dia, havia também outras professoras que eu admirava. Admirava de longe, bem entendido. Entre elas dona Odracyr. Dona Odracyr morava na casa à esquerda da nossa. Enquanto a comunidade inteira era de algum modo bastante comunicativa, dona Odracyr era fechada, tipo altaneira, o que para mim só fazia aumentar seu charme. Ela pouco se dava com os outros. Entre as professoras do grupo escolar ela se destacava por sua austeridade, aparentando ser mais velha que as outras embora talvez nem o fosse. As outras professoras, eu as achava meio parecidas com as artistas do cinema americano que saíam nas revistas. Já dona Odracyr, seu jeito se assemelhava mais ao da diretora, dona Maria de Aguiar, digníssima. Enquanto as outras casas tinham cadeiras na varanda, a varanda de dona Odracyr não tinha cadeira nenhuma, ainda que o piso fosse imaculadamente encerado e lustrado. Fora o piso impecável, a varanda tinha um vaso com uma exuberante folhagem e só. Dona Odracyr era casada, agora não lembro com quem. Se ela já quase não aparecia, o marido, então, aparecia menos ainda. Não sei se o casal tinha filhos. Não me lembro de ter visto criança saindo daquela casa. As venezianas viviam cerradas. E se de dona Odracyr não esqueço, minha irmã a esquece menos ainda. Dona Odracyr foi professora de Mané no primário e, se a primeira professora a gente não esquece, uma professora como dona Odracyr é que não dá mesmo para esquecer. Segundo palavras de minha irmã, sua professora era rigorosa e competente. Mané conta ter sido alfabetizada por ela. E é com renovado orgulho que minha irmã repete, sempre que lhe peço, o nome completo de sua primeira mestra: Odracyr Tibiriçá de Passos Barros.

10

Raios, trovões, tempestade e aguaceiro

No grupo escolar eu tinha minha turma. Osvaldinho era o mais sabido. Os irmãos Rubens e João Batista (Tita) eram bons colegas, mas pouco saíam de casa. Minha afinidade maior era com Ivo Manso. Não havia dia em que depois da escola a molecada não saísse em busca de aventuras pelas cercanias. Havia outras turmas que eventualmente se trombavam. A turma do Otávio, por exemplo. Às vezes minha mãe mandava-me à horta buscar verdura, e eu ficava conversando com ele. O pai o deixava ali sozinho tomando conta dos canteiros. Dois anos mais velho que o resto, Otávio já mudava a voz e era fisicamente mais desenvolvido. Um dia ele me chamou para ir nadar no córrego com a turma dele depois do trabalho na horta. Ali na Usina, desde meu irmão mais velho até a molecada mais nova, todo mundo andava descalço, ninguém tinha calção e entrava-se pelado no rio ou no córrego, deixando a roupa jogada na margem. E como até então eu não havia tido convívio de traquinagem com a turma do Otávio, para me exibir como o melhor mergulhador da Usina, subi à parte mais elevada do barranco, fiz pose de Tarzan, saltei e dei com a cabeça numa pedra no fundo do córrego. No impacto mordi a língua e perdi a fala. E a dor era tão grande quanto a de quando quebrei a perna. A sensação era de estar morrendo afogado. Queria pedir socorro, mas com a língua mordida não conseguia articular. Os outros, achando que era outra palhaçada da minha parte (depois de ter bancado o Tarzan), riam às gargalhadas. Décadas depois, li uma entrevista com o ator Mel Gibson em que ele conta que na infância passara por uma experiência semelhante, e que essa cabeçada fora a responsável pela alteração de todo o sistema de chacras dele, tornando-o 35 por cento retardado. Entendi perfeitamente e até me conformei por não ser só eu. Bem antes da cabeçada de Mel Gibson, a minha cabeçada já me fazia sentir com um parafuso a menos.

Por esse tempo houve o eclipse. Todo mundo acordou de madrugada e cada moleque tinha seu caco de garrafa verde-escuro para melhor enxergar o fenômeno. De fato foi uma novidade. No auge do verão, as andorinhas não podiam ver a meninada brincando que vinham nos provocar. Em voos rasteiros as andorinhas esbarravam na gente e às vezes até nos bicavam. E a passarada toda parecia fazer questão de participar daquela vida feliz em cumplicidade com a molecada. Na minha turma ninguém usava estilingue.

Papai foi promovido a chefe geral do escritório da Usina e melhoramos inclusive de casa. É certo que na Usina e nas fazendas de Sinhá Junqueira todo mundo morava decentemente. Não se pagava aluguel. E médico, dentista, também era de graça. E se fosse caso de internação, em Ribeirão Preto havia o Hospital São Francisco e, dentro de alguns anos, o Hospital Sinhá Junqueira. A Usina garantia toda essa estabilidade aos seus funcionários. Dos filhos que quisessem continuar os estudos, a Usina também bancava faculdade. Basicamente tudo na Usina Junqueira girava em torno da cana-de-açúcar. A começar pelos que labutavam na vastidão dos canaviais plantando cana e, na safra, cortando-as depois das queimadas. Quanto aos operários que trabalhavam na fábrica, eram muitas suas funções. Havia os que trabalhavam nas moendas que extraíam da cana a garapa e nas caldeiras que ferviam o melado, assim como os treinados para operar as máquinas que fabricavam o açúcar cristal e o álcool. Ainda que menos favorecidos pela sorte, por conta do trabalho pesado naquele calor de inferno, acredito que até eles preferissem continuar trabalhando e vivendo na Usina Junqueira, onde as compensações eram melhores que nas outras fazendas e usinas de açúcar da região.

Inaugurada no começo da década de 1920, já na década seguinte a Usina Junqueira era considerada a maior e mais bem montada usina de açúcar e álcool do Brasil. Com a criação da vila residencial tornou-se também exemplar no convívio social. A vila, com suas quinze ruas bem pavimentadas e casas confortáveis, teve dr. Cayres como engenheiro civil e, como empreiteiro, Ângelo Boscaia (casado com Aída, irmã mais velha de mamãe).

E mamãe passou a pensão para dona Maria Manso, mãe do meu amigo Ivo. A casa para onde mudamos tinha em frente um jardim. A varanda era cercada de jardineiras. Dentro, a casa era confortável. Uma boa sala, três bons quartos, banheiro grande com enorme janela e vidraça, copa e cozinha (com fogão à lenha). Entre a cozinha e o quintal, a garagem (não tínhamos carro), a despensa, a área de serviço, o quarto e o banheiro de Guiomar e Dalva, as empregadas. Nos fundos um grande pomar murado e com tanta fruta que a gente não dava conta. Horta não precisava, porque a horta do pai do Otávio de tão boa servia a toda a vila, assim como a bem provida quitanda da dona Orico japonesa.

Na nossa nova residência tínhamos como vizinhos do lado esquerdo o médico dr. Ulisses e sua esposa, dona Evangelina. Eram alagoanos. Não tinham filhos. Dr. Ulisses era alto e espigado, a molecada o achava parecido com o *Dr. Silvana*, o personagem sinistro das histórias em quadrinhos do *Capitão Marvel.* Dona Evangelina também era alta e magra. Nos bailes do Clube Recreativo dona Evangelina fazia questão de se destacar na pista. Era a mais arretada na agilidade rítmica não só do baião, do coco e do xaxado, mas também do tango e principalmente da rumba, sem desprezar valsas nem foxtrotes. Dava gosto vê-la expandida na pista de dança.

Nosso vizinho à direita, também médico, era dr. Waldemar Alvarenga de Figueiredo, cuja família paulista era gente fina e benquista. Mamãe lembrará sempre que foi dr. Waldemar quem salvou Heloísa quando esta, ainda um frágil bebê, teve um treco. Mamãe seria sempre grata ao dr. Waldemar. Mais de meio século depois, no começo do século XXI, aconteceu um mágico reencontro, e fomos, Heloísa e eu, convidados a um almoço no grande apartamento do médico (há muito tempo aposentado) e sua esposa, dona Dalva, perto da Avenida Paulista, em São Paulo. Estava lá Marilena, filha do casal e da minha idade. Marilena lembrou-se de mim menino na Usina indo à casa deles chamar o irmão Carlos Henrique para brincar.

Tantas décadas depois, nesse almoço em São Paulo, na alegre reminiscência daqueles mágicos anos na Usina Junqueira, dona Dalva e eu nos lembramos de um vendaval que se não chegou a levar a Usina pelos ares ao menos fez um grande estrago, destelhando casas enquanto raios rachavam ao meio as árvores atirando longe os ninhos e avezinhas recém-saídas da casca do ovo, vendaval seguido de uma tempestade e um aguaceiro que desabou como se fosse o segundo dilúvio. Lembro-me nitidamente: estava tomando banho no horário de costume quando, de volta das traquinagens do dia, preparava-me para ficar em casa, jantar e dormir. Mas que hora era aquela, naquele dia, quando um raio clareou tudo, seguido de um trovão que fez a terra tremer? A janela do banheiro estava escancarada e fiquei com medo de ser eletrocutado por outro raio daquele. Até então, nos meus nove anos, não havia vivido momentos tão apavorantes quanto aqueles.

– Foi às três e meia da tarde – disse absolutamente convicta dona Dalva, quase sessenta anos depois, no almoço em São Paulo. Dona Dalva lembrou que depois da tempestade todo mundo saiu para ver o estrago, e não houve quem não se impressionasse com a destruição e desolação.

Nessa época, por causa da idade e da aposentadoria, vovô Fioravanti só lia coisa leve que as amigas de mamãe emprestavam. Os livros da *Biblioteca das Moças*, da Companhia Editora Nacional, eram os que vovô mais gostava. Berta Ruck, Elinor Glyn, lembro-me até dos nomes das autoras. E, claro, M. Delly, que alguns chamavam Madame Delly. Outros diziam que M. Delly era o pseudônimo de dois irmãos franceses que com tal *nom de plume* assinavam os romances. No começo mamãe ficava envergonhada ao devolver os livros. É que vovô inventara um novo passatempo: escrevia com caneta nas páginas desses livros o que pensava deles. Mamãe ficava sem jeito, mas as amigas diziam para ela não se preocupar, que até que se divertiam com as anotações de vovô.

11

Vida de moleque

Às vezes Leopoldo me convencia a acompanhá-lo em suas aventuras. Quando era para nadar no Rio Grande na época do estio eu gostava, mas quando era para ir pescar no "bosteiro" eu sentia repugnância. O "bosteiro" era assim chamado por ser o lugar no Rio Grande onde desaguava o córrego sobre o qual, a quilômetro e meio dali, ficavam as privadas da colônia, onde viviam os colonos e os menos privilegiados. As privadas, em número equivalente a cada bloco de casas geminadas, eram cubículos de madeira cobertos de zinco. A porta com tramela e um buraco no assoalho, para o povo agachar e "derramar o barro", como vulgarmente se dizia. O excremento caía no córrego que desaguava no rio. No rio, o lugar onde as fezes da colônia desaguavam era apelidado "bosteiro". Bastava um troço chegar flutuando do córrego e ganhar o rio para os peixes caírem de boca com a voracidade de tubarões. De modo que com toda aquela merda flutuando no "bosteiro" ali dava muito peixe. E onde tem muito peixe tem o mesmo tanto de pescador. O pessoal ia ali pescar geralmente nos finais de tarde ou nos fins de semana. E meu irmão, seis anos mais velho, me levou lá. Certamente, depois, devo ter ido outras vezes, com ou sem o Leopoldo. O lugar até que não era destituído de beleza. Havia uma árvore, uma aroeira de tronco duplo. Um dos troncos, deitado, quase tocava o leito do rio. Espaço para muitos ali sentarem e pescar lambari, que era o peixe que mais dava. Mas dava também mandi, piapara, cascudo e até dourado.

Para nós, molecada, o ritual de pescaria começava assim: com um golpe de enxada em terra úmida fazia-se aparecer uma comunidade de minhocas saradas. Às vezes a enxadada cortava a minhoca ao meio; as duas partes, pulando sofregamente, pareciam ainda mais vivas. Colocávamos as minhocas em uma lata de massa de tomate vazia. Não tendo lata, guardávamos as minhocas vivas no bolso de nossas calças curtas. As minhocas no bolso faziam cócega e a gente brincava:

– Para quieta, minhoca.

Outra etapa era enfiar a minhoca no anzol e jogar a linha no rio. Nem dois segundos e a vara já trepidava com a primeira fisgada e o primeiro lambari no anzol. Os meninos enfiavam os peixes pela guelra numa forquilha. Muitos levavam os peixes para suas casas. Acredito que Leopoldo os vendesse na vila por alguns trocados para comprar cigarro e continuar a fumar escondido de mamãe.

Foi nessa época que me senti pronto a confessar e fazer a Primeira Comunhão. A Igreja de São Geraldo já estava pronta e o padre era Frei Félix. No confessionário Frei Félix foi direto à pergunta. E eu direto à resposta. Frei Félix quis saber com que frequência eu me masturbava. Respondi que nem sabia o que era aquilo. Ele explicou e eu entendi. Pensei que, como penitência, Frei Félix fosse me mandar rezar mais de mil pais-nossos e outro tanto de aves-marias, mas, para minha surpresa, não! Mandou-me rezar apenas um pai-nosso e uma ave-maria. Como se aquilo fosse um pecadinho normal da idade, desde que praticado com moderação.

O ano já ia longe quando chegou o sr. Fernando Argente, o novo chefe da estação de trem que servia à Usina e à região. Sua família passou a ocupar uma casa pouco acima da nossa, no outro lado da rua. O casal tinha três filhos. A mais velha, uma moça alta, vistosa, logo deu a entender ser totalmente independente e não mostrar interesse em absolutamente nada e ninguém. Era uma puro-sangue. Logo a apelidaram "Teresa Mulão" – coisa para que ela nem ligava e até fazia questão de empinar e fazer jus. A menor, Sirlei, era bem pequena. E o Ismael, da minha idade. A molecada ficou ouriçada com a chegada do forasteiro. No dia em que Ismael apareceu no grupo escolar para acompanhar as aulas na minha classe fiz uma coisa que jamais havia feito, isso que hoje chamam de *bullying*: assumi a chefia dos meninos e ordenei que pegassem Ismael e naquele mesmo instante dessem uma sova nele, como *batismo* de entrada na turma. Ismael, sozinho contra a turba, defendia-se como podia. E, claro, levou a pior. Mas, se exerci a chefia *bully* nessa hora da manhã, ao final do mesmo dia eu e Ismael nos tornávamos os melhores amigos e dali para frente companheiros inseparáveis, nenhum exercendo papel de chefe, mas dividindo fraternalmente as aventuras. Em casa, depois da escola, minha comida predileta era um ovo frito, gema nem mole nem dura, pra misturar no arroz. Depois desse almoço corrido ia encontrar Ismael para sairmos explorando o vasto território que circundava a Usina e além. Nas proximidades da olaria descobrimos uma lagoa azul. A água era de fato de um azul claríssimo, por causa do barro incrivelmente branco que tomava conta de toda a margem e do fundo da lagoa. A água era límpida, e o sol refletindo criava o efeito de lagoa azul. Tão azul e transparente era a água que avistamos uma canoa afundada. Conseguimos desgrudá-la do barro e levá-la até a margem. Tapamos seus furos com o barro branco e nela entramos remando com as mãos e fazendo-a atravessar a lagoa. Conseguimos. O barro era de fato resistente. Mas não por muito tempo: logo a canoa voltou a afundar. Sempre descalços, no dia seguinte fomos mais longe, atravessando a espetacular ponte inglesa de ferro maciço sobre o Rio Grande que ligava São Paulo a Minas Gerais. Na época da seca, quando o rio ficava mais raso e menos caudaloso, nele nadávamos sem medo, ainda que advertidos do perigo, pois muitos meninos já tinham morrido afogados. Ninguém se esquecia da tragédia que acontecera com Massaiuki. Filho de japoneses e exímio nadador, Massaiuki na época da cheia tornara-se herói por salvar vários meninos de afogamento na correnteza. Um dia, depois de já ter salvado dois, Massaiuki foi salvar o terceiro e não deu conta. A correnteza o levou. Seu corpo foi encontrado quilômetros abaixo, preso num arbusto na outra margem do rio. Massaiuki era muito estimado e sua morte deixou toda a vila consternada. Não houve moleque que os pais não ameaçassem de castigo severo caso desobedecesse a ordem de não ir nadar no Rio Grande. Mas era quase impossível resistir à tentação de ir nadar escondido.

12

O ANIMADOR CULTURAL DA USINA

Seu talento como animador cultural era inconteste, e papai foi promovido a presidente do Clube Recreativo. Anos antes de meu nascimento, quando de uma de suas voltas para servir à Usina, papai havia formado ali uma orquestra que agora em 1948 ganhara extraordinária força.

Papai vinha de uma família de músicos. No Rio de Janeiro, ele e seus doze irmãos foram todos musicalmente treinados. Uma vez o vi pegar o saxofone de um músico da orquestra da Usina e executar um chorinho com tal destreza que fiquei maravilhado. Em relação à orquestra da Usina, Altayr Ribeiro da Silva, que dela tomara parte em uma de suas formações, em seu livro *Som e silêncio – a história da música e dos músicos da Usina Junqueira*, conta a origem da orquestra e da importância de papai em sua formação: "O sr. Lima (Antonio de Souza Fernandes Lima), que também era músico, dominava com facilidade seu saxofone soprano e nas festas que de hábito aconteciam na alta administração da Usina Junqueira fazia soar chorinhos e tinha como seu choro predileto o *Urubu Malandro*, de autoria do Jararaca, da dupla Jararaca e Ratinho. O sr. Lima sempre trazia para si a responsabilidade de manter o alto nível das apresentações da orquestra que nessa altura se apresentava com muita frequência pela região, a pedido do dr. Altino Arantes, aos convidados de dona Sinhá Junqueira, nos salões dos melhores hotéis, desde o de Araxá e o de Poços de Caldas. [A mando do sr. Lima] Piska, como era conhecido o datiloscopista Conceição Rodrigues, buscou músicos até no Rio de Janeiro – músicos do Cassino da Urca, que havia encerrado suas atividades no ano de 1946 com a proibição do jogo no Brasil. Piska trouxe músicos, e organizou-se na Usina Junqueira uma das melhores orquestras do Brasil". A condição para que se contratasse um músico era a de que ele tivesse alguma outra ocupação prática que o capacitasse a trabalhar na Usina. A orquestra era coisa séria, mas para não ferir suscetibilidades tinha que dar a impressão de *hobby*. Altayr segue contando e cita os maestros e músicos importantes que passaram pela orquestra da Usina, como o genial Casé (José Ferreira Godinho Filho, 1932-1978). Casé, cuja fama internacional, depois de passar pela orquestra da Usina, o fez seguidamente eleito um dos dez melhores saxofonistas do mundo. "A fama da orquestra cresceu de tal modo", conta Altayr, "que instrumentistas famosíssimos como Abel Ferreira e o trombonista Raul de Barros apareciam na Usina só para tocar com o pessoal de lá."

A Usina era o paraíso dos músicos. Além da orquestra havia também o regional do José Elisiário, a fanfarra e o orfeão do grupo escolar, o coral da igreja etc. De nada disso participei. Tive uma única aula de piano com o maestro Étore Casadei e não voltei mais porque o professor dava a impressão de não ir com a minha cara, fazendo-me sentir deslocado. Para não dizer que passei ileso pelo maravilhoso mundo musical da Usina Junqueira tentarei contar em outro capítulo minhas duas únicas participações num programa de calouros, programa domingueiro de curtíssima duração, no clube Puxa Faca.

Como animador cultural da Usina Junqueira papai era também o organizador das grandes festas, como a do encerramento da safra de cana, assim como piqueniques no Praião do Rio Grande na época do estio. E nos clubes, os bailes, em ocasiões especiais. Havia na Usina dois clubes distintos: o Clube Recreativo, frequentado pela elite, e o clube apelidado Puxa Faca, para lazer dos operários e cortadores de cana. O Puxa Faca era assim chamado porque uma vez rolou treta entre dois peões por conta de uma beldade cortadora de cana e um deles puxou a faca. Nada de grave aconteceu, mas o clube passou a ser conhecido por esse apelido. Já o outro clube, o Recreativo, dele mamãe conta:

– Quando havia banquete para visitas importantes no Clube Recreativo, políticos como Salgado Filho, Lutero Vargas e suas comitivas, eu e seu pai éramos os responsáveis. Eu dirigia a cozinha.

Foram vários banquetes durante a gerência do doutor Martiniano e na gerência do doutor Bráulio. Banquetes para pessoas importantes, como o que foi oferecido aos participantes de um congresso médico em Uberaba. Banquete para cem pessoas, médicos de vários países... Foi um sucesso. Dona Laura e doutor Bráulio ligaram para me agradecer. Foi nesse banquete que Assis Chateaubriand deu cem cruzeiros para o Venâncio entregar para a cozinheira, eu! Venâncio, que era o zelador da Residência, ficou sem jeito. Não tem importância, eu disse. É que eu estava fiscalizando tudo, e o Chateaubriand chegou atrasado de Uberaba, foi almoçar na cozinha e me achou com cara de cozinheira. "Essa é uma cozinheira de primeira", ele disse, elogiando o almoço e mandando me gratificar. Dona Laura e doutor Bráulio riram muito quando seu pai contou a eles. Seu pai organizava bailes, festas caipiras, carnaval. Naquela época era uma alegria morar na Usina. Todos eram amigos de todos. Não havia preocupação em relação aos filhos.

Nos bailes familiares no Clube Recreativo eu dançava com minha mãe. Papai não gostava de dançar. Mamãe, em compensação, adorava. Mas não ficava bem ficar dançando com outro que não papai, de modo que quem dançava com ela era eu. Era eu quem a tirava para dançar. No mesmo instante ela aceitava. Nunca partia dela o convite. A iniciativa era sempre minha. E dançando formávamos um par feliz.

13

Antes do cinema as revistas

Um dos eventos mais esperados na vila era a visita semanal do vendedor de revistas, seu Ernesto Schilacci. Era um senhor educado, de origem italiana. Vindo da vizinha Igarapava, seu Ernesto chegava pontualmente no dia esperado. Impecavelmente vestido no seu terno de linho ele descia do veículo segurando firme em cada mão uma grande pasta de couro lustrado cheia de revistas novas. Logo na chegada já ia atendendo aos primeiros ansiosos pelos tesouros de suas pastas. A seguir ia às donas de casa suas freguesas. Os meninos o seguiam nessa deliciosa via-sacra. Eram revistas para todos os gostos e todos os tipos de leitores. É claro que para a molecada que o seguia, alguns com moedas suadas, outros sem um tostão no bolso tendo que se contentar com apenas uma olhada nas capas ou, às vezes, quando seu Ernesto, impondo certo limite, sabia se fazer de generoso ao compreender a alma infantil e permitia dar uma folheada cuidadosa nas revistas prediletas e mais cobiçadas pela petizada. Para os meninos, o tradicional *Tico-Tico* (com as aventuras de Reco-Reco, Bolão e Azeitona), os gibis de *Roy Rogers*, *O Lobinho*, *Aí Mocinho!*, *Mindinho*, *Tarzan*, gibis do *Homem Borracha*, *Namor o Príncipe* Submarino, *Capitão América*, *Super-Homem*, *Fantasma*, *Batman* & *Robin*, *Mandrake & Lothar*, e a Família Marvel – *Capitão Marvel*, *Mary Marvel*, *Marvel Junior*. E a *Edição Maravilhosa*, que quadrinizava os clássicos da literatura. Para as moças as revistas eram *Grande Hotel*, *Clube dos Amores*, *Encanto*, *Idílio*, *Rosalinda...* Para os rapazes seu Ernesto trazia no compartimento secreto de uma das pastas revistas importadas da França ou dos Estados Unidos, revistas com *pin-ups* nuas em poses sedutoras. Dessas revistas a mais disputada era a francesa *Paris-Hollywood*, que os rapazes – e entre eles meu irmão Leopoldo – compravam escondido para suas práticas onanistas.

Nos últimos anos da década de 1940 e nos primeiros da década de 1950, vivendo nesse paradisíaco fim de mundo que era a Usina Junqueira, as revistas eram o maná que saía das pastas de seu Ernesto. Dona Helena Versiani toda semana comprava a *Revista do Rádio*. A preferência da mãe de meu amigo Ismael era mais forte. Ela não perdia um número dos *Mistérios de São Paulo*, revista especializada em crimes e mistérios hediondos acontecidos na capital do estado.

Se nós, meninos, não tínhamos condições de comprar os gibis, sabíamos que alguns deles logo mais estariam à nossa disposição na sala de leitura do Clube Recreativo. Meu pai, como presidente, sempre cuidava para que esse prazer não nos faltasse. Não apenas gibis, mas as revistas mais importantes do Brasil: *O Cruzeiro*, *Revista da Semana*, *Carioca*, *A Noite Ilustrada*, a gaúcha *Revista do Globo* e a mineira *Alterosa*. E a argentina *Para Ti*. Quanto às revistas femininas, *Fon-Fon* e *Jornal das Moças*, muitas donas de casa as compravam de seu Ernesto porque traziam moldes e naquela época tão distante do advento do *prêt-à-porter* a maioria das mulheres era treinada em corte e costura e costurava em casa. E as revistas de cinema? Desde a antiga *A Cena Muda*, que continuava circulando, às recém-lançadas no começo da década de 1950. Em 1952 apareceu a *Cinelândia*. O primeiro número chegou trazendo na capa Ava Gardner em cores magnéticas e papel acetinado.

Outra coisa eram os álbuns de artistas que as meninas faziam. As mais caprichosas eram as irmãs Bezerra – Dulcila e Lúcia. O álbum delas era um livro grande de capa dura, livro de contabilidade de escritório. Elas não deixavam um só espaço que revelasse a origem do livro. Preenchiam tudo com uma profusão de fotos coloridas e em preto e branco recortadas de revistas. Era um luxo o álbum das Bezerra. As páginas eram grossas por causa da goma arábica ou cola feita com polvilho. O álbum das Bezerra recendia a cola, o que o tornava ainda mais atraente que as próprias revistas.

Lá em casa ninguém fazia álbum. Por isso mesmo eu gostava de ver os álbuns das Bezerra e das Fantucci. O álbum das irmãs Fantucci não era tão exuberante quanto o das Bezerra. Mas um detalhe no álbum delas ficaria gravado na memória. Sob uma foto da estrela de *Duelo ao sol* e *Madame Bovary* uma das Fantucci escreveu Geny Ferjones em vez de Jennifer Jones.

Mas, voltando às revistas, nosso vizinho, doutor Ulisses (*Dr. Silvana* pelas costas) assinava a americana *Life*, que chegava pelo correio. Na Usina assinar a *Life* era sinal de status. Lembro-me da vez em que sua mulher, dona Evangelina, estava sentada na varanda com uma *Life* na mão meio que exibindo a capa aos que passavam na calçada. Aquilo me pareceu irresistível. Será que dona Evangelina me deixava ver a capa mais de perto? Ao notar minha cara de *pidão*, dona Evangelina, afetando esnobismo condescendente, permitiu que eu me aproximasse. O ano devia ser 1951. Na capa da *Life* estava a Audrey Hepburn, uma jovem atriz recém-lançada e da qual eu já tinha notícia. Dona Evangelina, vendo meu interesse, comentou: – Você não a acha muito magra?

Estranhei a pergunta de dona Evangelina, pois ela mesma, pelas costas, era chamada de "varapau".

14

As sessões de cinema no Puxa Faca, que escola!

Àquela altura eu já era esperto em caras e nomes de artistas de cinema embora ainda não tivesse visto nenhum filme. Mas essa falha foi logo corrigida quando meu pai cuidou de trazer o cinema para os habitantes da Usina. Ainda que fosse de opinião que os filmes, de modo geral, eram perniciosos, papai também entendia que cinema era o que o povo queria.

Papai fez a Usina comprar tela e projetor em 16 mm e assinar contrato com a Metro-Goldwyn-Mayer, que há muito tempo era a líder das produções de Hollywood e tinha distribuidora em Ribeirão Preto. Os filmes escolhidos por papai eram exibidos uma vez por semana, às quintas-feiras, sempre às sete horas da noite. O local escolhido para exibi-los foi o clube operário, o Puxa Faca, e não o Clube Recreativo, porque este era para a elite da Usina, e segundo papai cinema era diversão para todos. Os filmes, antigos ou recentes, eram geralmente tão bons que as sessões eram frequentadas por todas as classes e idades.

O primeiro filme a gente não esquece. Meu primeiro filme foi *A patrulha de Bataan*, estrelado por Robert Taylor. Era filme de guerra com bombardeios aéreos, rajadas de metralhadoras e soldados feridos e entrincheirados. Toda aquela ação na tela grande era algo maior que a vida. Especialmente porque era novidade. O segundo filme, então, em tecnicolor, foi uma delícia do começo ao fim. Era *Escola de sereias.* O filme tinha comédia (por conta do Red Skelton), tinha números musicais (inclusive rumba com Xavier Cugat e sua lady crooner Lina Romay), mas, mais que tudo, tinha uma piscina de água tão azul que a gente quase ficava cego com os mergulhos e balés aquáticos da sorridente Esther Williams. O terceiro filme foi um *Tarzan,* com Johnny Weissmuller.

A MGM também distribuía produções mais pobres, da Republic Pictures. De modo que não demorou eu estava assistindo *Dakota*, com John Wayne e Vera Hruba Ralston. Comparada às outras estrelas de Hollywood, Vera Hruba Ralston era feia e não tinha carisma, mas apesar disso sua presença instigava. Com o tempo eu soube que era casada com Herbert Yates, o mandachuva da Republic, por isso estrelava tantos filmes dessa companhia. Nessas sessões de cinema, antes do longa metragem era exibido o seriado. Cada semana um episódio. Meu primeiro seriado foi *A legião do Zorro*, com Reed Hadley no papel de Don Diego, que se transformava no fabuloso Zorro. Espadas luziam, chicotes estalavam, balas voavam! O seriado era em doze episódios. No último episódio, quando na tela apareceu *The End*, chorei feito bezerro desmamado, de tanto que já estava acostumado aos episódios semanais. Depois do *Zorro*, claro, tivemos outros seriados, *Nyoka*, com a graciosa Frances Gifford, *Flash Gordon*, com Buster Crabbe, mas aí eu já não chorava mais no fim do último episódio.

Em casa eu dividia o quarto com Leopoldo. Quando passou *Espectro de vampiro*, também da Republic, fiquei noites sem dormir. No escuro Leopoldo contava-me casos arrepiantes relacionados a vampiros. Àquela altura Leopoldo estava com quinze anos, e eu com nove. Leopoldo era vaidoso. Fazia limpeza de pele com limão e pingava limão nos olhos para clarear. Seus olhos eram verde-claros ou verde-escuros, dependendo da luz. As moças eram de opinião que Leopoldo tinha os olhos mais lindos da Usina.

No dia que passava filme no Puxa Faca muita gente chegava cedo para pegar bom lugar. Na fila as pessoas conversavam e davam opinião. A fila era um evento em si. E os filmes! Podiam ser filmes feitos há mais de década, mas as cópias em 16mm eram geralmente boas. *Como era verde o meu vale* (1941), com Walter Pidgeon e Maureen O'Hara, história com a qual nos identificávamos, porque embora passada no distante País de Gales, tinha muito a ver com a nossa realidade, pois se o filme mostrava uma comunidade de mineradores de carvão, nós, que o assistíamos, éramos uma comunidade de cana-de-açúcar. De um modo geral os filmes tinham muito a ver com a gente. *A estirpe do dragão* (1944), com Katherine Hepburn e Turhan Bey, nos levava à distante China do livro de Pearl S. Buck, uma China nem tão distante de nossa dura realidade: na China do filme era o plantio e a colheita do arroz, e nas terras da Usina o plantio e a colheita da cana-de-açúcar. *A ponte de Waterloo* (1940): sequer imaginava que décadas depois, morando em Londres, iria tantas vezes atravessá-la. A todas essas joias que já faziam parte do antiquário cinematográfico assisti no clube Puxa Faca entre 1948 e 1954 (quando mudamos da Usina). E *Cabana no céu* (1943), musical de Vincente Minnelli que se passava numa comunidade negra no sul dos Estados Unidos. A cena da limonada servida na tarde calorenta nos deixava com sede e água na boca.

E Lana Turner? Colorida em *Os três mosqueteiros* (1948), em que fazia a malvada Milady de Winter, ou em branco e preto no gótico *O médico e o monstro* (1941) e em muitos outros, Lana Turner era a que mais esbaldava glamour. Em *O destino bate à porta* (1945), no qual Lana aparecia de *short*, dona Aspásia Ortolan, frequentadora assídua das sessões no Puxa Faca, fez a gente ver que Lana tinha a bunda achatada, joelhos grossos e pernas finas. E daí? Com aquele rosto, aquele olhar, aquela sobrancelha, aqueles cílios, aqueles penteados, nenhuma outra a superava em glamour. Os filmes de Greta Garbo, às quintas-feiras na tela do Puxa Faca, assisti a vários. *Rainha Cristina*, *Ana Karenina*, *A Dama das Camélias*... Mas quando passou *Ninotchka* (1939), lembro-me como se fosse agora, na fila, enquanto todos aguardavam a abertura da porta, dona Aspásia Ortolan comentando com dona Maria Fantucci, alto e bom som para que todos a ouvissem:

– Diz que é nessa fita que a Greta Garbo sorri pela primeira vez. Eu quase não venho ver fita, mas hoje vim. Só pra ver se os dentes da Greta Garbo são mais bem tratados que os meus.

E dona Aspásia forçava um sorriso de lóbulo a lóbulo para mostrar os dentes, de fato bem tratados por dr. Carlos Bastos, o dentista da Usina. Mas não cheguei à sequência em que Garbo sorri. Meu amigo Ivo Manso, achando que aquilo era filme pra mulher e além disso muito antigo, fez sinal para que fôssemos embora. Foi a primeira vez que saí no meio de um filme. E enquanto estavam todos no Puxa Faca vendo Greta Garbo sorrir pela primeira vez, Ivo Manso e eu, atravessando a praça vazia, tínhamos a sensação de estarmos num outro filme, mais real e até mais emocionante: dois moleques vagando noite escura por um vilarejo-fantasma, como Tom Sawyer e Huckleberry Finn.

Nessa fase entre infância e adolescência a melhor das escolas foi o cinema americano. Sem esforço o enredo nos levava filme afora; com o cenário aprendia-se geografia, história nos filmes de época, e o ouvido familiarizava-se com a língua inglesa, uma vez que os filmes eram legendados. Mas também muito se ouvia falar do neorrealismo italiano. Na tela do Puxa Faca assistimos a um dos mais premiados, *Ladrões de bicicleta* (1948), do Vittorio de Sica, que a Metro distribuía. De fato um filme comovente. Depois de finda a sessão, dona Aspásia Ortolan comentou:

– A vida desse povo na Itália é bem mais pobre que a nossa aqui na Usina.

Algum tempo depois, quando papai assinou contrato com a distribuidora 20th Century Fox, senti uma diferença de estilos entre os filmes da Fox e os da Metro. Mas a magia do cinema seguia irreprimível. *Amar foi minha ruína* (1945), nossa, que impacto! Óculos escuros, lábios vermelhos a expressar na boca amarga ódio e frieza; ciumenta, invejosa e vingativa (mas lindíssima) Gene Tierney remando o barco e deixando morrer afogado no lago o adolescente irmão caçula do Cornel Wilde, porque este a trocara por Jeanne Crain, a irmã boazinha! Não foi à toa que Leon Shamroy recebeu o Oscar pela fotografia em tecnicolor. Gene Tierney era uma das grandes estrelas da Fox. Na vida real noivou com um príncipe, casou com um figurinista e terminou seus dias vítima de uma misteriosa doença mental. Mas, voltando aos anos de cinema na Usina, da Carmen Miranda só assistimos aos dois filmes que ela, já com mais idade, rodou na Metro. *Transatlântico de luxo* (1948) e *Romance carioca* (1950). Em um deles Carmen contracenava com Elizabeth Taylor já moçoila. A impressão era que entre as duas não havia liga: a exuberância de Carmen Miranda deixava Elizabeth Taylor travada.

Eu gostava tanto de cinema que, quando meu pai fez comprar o projetor, a tela, e cuidar para que houvesse um projecionista treinado, eu ficava perto para assisti-lo trocar os rolos. Geralmente o filme era dividido em três rolos. No melhor da história acabava um rolo e as luzes se acendiam para que fosse trocado pelo rolo seguinte. Depois da sessão terminada o projecionista rebobinava os filmes para, devidamente enlatados, devolvê-los de trem à distribuidora em Ribeirão Preto. Alguns filmes já conhecíamos de fama antes que chegassem às sessões de cinema no Puxa Faca. Um desses filmes era *Ave do paraíso* (1950), com Jeff Chandler, Louis Jourdan e Debra Paget. Ambientado em uma ilha do Pacífico Sul o enredo mexia com o tema do amor impossível em um paraíso atravancado de tabus. Para encerrar a história o fim tinha que ser trágico. E a linda Debra, coitada, uma nativa prometida a outro nativo que rompe o tabu ao se apaixonar pelo forasteiro branco (Louis Jourdan), é forçada ao sacrifício de jogar-se dentro de um vulcão em erupção. Implorei, e papai consentiu que eu acompanhasse o projecionista, que, depois de passar o filme no Puxa Faca, ia, na noite seguinte, em sua caminhonete, exibi-lo em outra fazenda de dona Sinhá. Eu queria porque queria rever a cena máxima em que Debra Paget se atirava na boca do vulcão chamejante de lavas vermelhas incandescentes.

E que tal Marilyn Monroe? Marilyn, que era a mais falada nessa época, no começo da carreira também passou pela Metro antes de se firmar na Fox. Dirigida por John Huston, Marilyn deixou sua marca em uma relevante ponta no filme *O segredo das joias* (1950). Em preto e branco, mas perfeitamente penteada, maquiada, iluminada e fotografada, Marilyn Monroe também foi nossa, ou seja, ela também concedeu a honra de nos encantar marcando presença na tela do Puxa Faca.

15

No programa de calouros

Durante curtíssima temporada houve na Usina um programa de calouros válido para qualquer idade. O evento acontecia no clube Puxa Faca, no calor de domingo à tarde. Na véspera os candidatos ensaiavam com o conjunto regional. O conjunto era decente, e a seção rítmica bastante empenhada, o que fez com que eu escolhesse uma marchinha carnavalesca, "Chiquita Bacana", do repertório de Emilinha Borba, que aos sábados a defendia no programa do César de Alencar na Rádio Nacional do Rio de Janeiro, programa sintonizado na Usina. Cantei e devo ter me saído razoavelmente bem. Não tirei o primeiro lugar, mas como prêmio de consolação ganhei uma lata de marmelada Cica. Do lado de fora do Puxa Faca havia um possante alto-falante que transmitia o programa até onde o vento o conseguia levar à margem mineira do Rio Grande. E por ser tão bem transmitido pelo vento, muitos habitantes da vila, nas varandas de suas residências, ouviram meu canto. Dona Maria Fantucci, que estava estendendo roupa no varal, foi uma que me ouviu. No dia seguinte vendo-me passar chamou:

– Menino! Meus parabéns! Você é afinado, cantou dentro do ritmo e tudo, mas devia escolher um repertório mais de acordo. Por que domingo que vem você não canta "Pedreiro Valdemar", do Blecaute? Tenho certeza que com essa você tira o primeiro lugar.

Achei boa a sugestão – "Pedreiro Valdemar" era tão conhecida quanto "Nega Maluca", da Linda Batista, que eu já havia escolhido, mais pelo título. De modo que nos dias seguintes passei a ensaiar "Pedreiro Valdemar" no chuveiro. Daí fui ao Puxa Faca me inscrever e no sábado depois do almoço ensaiei com o regional. No domingo à tarde, o clube lotado com a gente mais humilde da Usina e os calouros um a um se apresentando, chegou minha vez. A plateia, que já me conhecia desde o domingo anterior quando cantei "Chiquita

Bacana", parecia esperar que eu desse continuidade ao gênero e agora me apresentasse cantando "Nega Maluca", conforme haviam espalhado que eu cantaria. Mas daí, interpretando "Pedreiro Valdemar", expus outra veia, menos cômica e mais dramática. Não tirei o primeiro lugar, mas minha interpretação "comovente" (segundo o júri) fez com que eu fosse premiado com o prêmio consolador de outra lata de doce. Se o programa tivesse continuado em outros domingos eu certamente teria dado asas a todo um repertório imprevisível, não só sugerido por dona Maria Fantucci, mas também por outros do meu (acreditava eu) crescente fã-clube. Mas aquele domingo foi o último. Nunca mais houve programa de calouros. Meu pai, como animador cultural da Usina, mandou suspendê-lo alegando que domingo era dia de descanso e silêncio, e o programa de calouros transmitido a todo volume pelo alto-falante do Puxa Faca só fazia aumentar a depressão domingueira.

16

Maria Carrapato

Nos povoados do fim do mundo o surgimento de forasteiros é sempre motivo de interesse, questionamento, desconfiança, malícia e crueldade. Havia uma negra que, assim que chegada à região, recebeu da molecada o apelido de "Maria Carrapato". Ela morava perto da estação do trem, que ficava longe, à beira da ponte que separava São Paulo de Minas. Nas cercanias da estação havia alguns vagões desativados, e Maria Carrapato e a filha moravam em um desses vagões. Deviam estar morando ali há pouco tempo, a aparição de mãe e filha nas ruas da Usina era coisa recente. A mãe trazia uma cesta de vime com doces que tentava vender aos moradores. Alguns moleques atiravam-lhes pedras, mais para assustá-las que acertá-las. Aquilo me fez constatar o quanto o ser humano, mesmo criança, pode ser cruel com quem faz mal a ninguém. Fui dos poucos a simpatizar com Maria Carrapato e tornar-se seu amigo. A filha era desenxabida e com jeito de boba, mas Maria Carrapato, ao contrário, era elegante até no ignorar as provocações dos meninos.

Espalharam que a filha não era sua filha. Corria boato de que Maria Carrapato a teria roubado de algum lugar por onde passara e cortara a língua da menina pra que ela não abrisse o bico. De fato não tinham nada a ver uma com a outra. A filha era amulatada, mas Maria Carrapato era negra retinta. Enquanto Maria Carrapato era alta, magra e empertigada, a filha era tipo violão, e mesmo muda vivia sorrindo, oferecida, como se querendo agradar. Os priápicos locais logo imaginaram a filha da Maria Carrapato como uma boa opção sexual, mas a mãe não a perdia de vista, trazendo-a em rédeas curtas.

O fato de Maria Carrapato ter sido escrava fazia com que eu a visse como página viva da História. O mundo chegara à metade do século XX, a escravidão fora abolida há mais de sessenta anos e

Maria Carrapato ali dando sopa, livre, tranquila, com muita história pra contar. Uma vez fui, sozinho, todo o percurso de areia fina que margeava o Rio Grande até seu vagão visitá-la. Compadecido dos maus tratos que ela recebia da molecada e do pouco caso com que era tratada pelos adultos, resolvi prestar-lhe solidariedade levando-lhe o que consegui juntar como presente: um caixote vazio e algumas revistas velhas. Maria Carrapato ficou sensibilizada com minha atitude e meu presente. Ao chegar encontrei-a do lado de fora do vagão, à sombra da figueira, cozinhando num fogão a lenha. O fogão era improvisado, a caçarola equilibrada entre duas pedras. Convidou-me a almoçar com ela e a filha. Agradeci dizendo já ter almoçado em casa, o que era verdade. Mas ela fez questão que eu comesse um pedaço de linguiça que ela ia fritar especialmente para mim. Aceitei de bom grado. Estava deliciosa. Apimentada como eu gostava. E enquanto comíamos, sentados na areia, Maria Carrapato ia contando de seu passado remotíssimo num sertão bem distante daquele onde agora estávamos. Contou ter sido escrava de senhores mui distintos, gente com título de nobreza outorgado pelo imperador. Orgulhava-se de seu passado de escrava de gente fina, por isso finíssima, ela também.

17

E o circo chegou

Havia na Usina uma operária que trabalhava na seção onde se costurava os sacos para cem quilos de açúcar. Ela era albina, por isso apelidaram-na *Lana Turner.* Alta e espevitada, destacava-se na pista de dança do Puxa Faca. Aliás, tinha dois apelidos: *Lana Turner* e *Bala Chita.* O último, por estar em todas as bocas, como a popularíssima bala Chita, cujo invólucro de celofane estampava a macaca dos filmes de Tarzan.

Outra muito apresentada era Domingas, uma pretinha adorável, dona de uma inteligência e de um carisma tão vivazes que foi, por unanimidade, escolhida para o papel de Cinderela na comemoração do encerramento do ano letivo. No palco do Puxa Faca na noite de estreia da peça, Domingas era a própria Gata Borralheira em figura de gente. Seu desempenho a todos encantou. Dona Emirene, uma das professoras do grupo escolar e diretora da peça, não cabia em si de tão contente por ter acreditado no talento de Domingas e a revelado ao público da Usina. Tiveram que dar mais duas sessões. O ingresso era gratuito. Popularidade conquistada, Domingas passou a ser tratada como estrela. Controlada, não permitiu que o sucesso lhe subisse à cabeça.

Nessa época os artistas de rádio, inclusive os da Rádio Nacional do Rio de Janeiro, durante suas férias excursionavam pelo interior do país. Lembro-me de quando fomos visitados pela comediante Henriqueta Brieba, o ator Renato Murce e a cantora Vera Lúcia (famosa pelo samba-canção "Amendoim torradinho"). A apresentação no Clube Recreativo foi para a elite da usina.

Mas daí chegou o circo. Circos mambembes em Igarapava apareciam muitos, mas circo diferenciado era coisa rara, por isso a temporada tinha que ser relativamente longa – o transporte dos bichos, armar a lona, não compensava o circo chegar num dia e ir embora no outro. Enquanto uns armavam a lona, outros saíam em desfile pela cidade e cercanias, com os bichos, os palhaços e o resto do elenco na carroceria do caminhão com o alto-falante anunciando que logo ia ter espetáculo.

A primeira ida a um circo a gente não esquece. Devia ser inverno, porque fazia muito frio na noite em que fomos. Papai providenciou um caminhão com bancos na carroceria para levar bastante gente bem acomodada da Usina até Igarapava.

O circo tinha divertimento para todos os gostos – feras domadas, acrobatas e palhaços –, mas por tratar-se basicamente de circo-teatro, a principal atração da noite era um dramalhão como não havia outro, *O ébrio*, inspirado na conhecida canção do repertório do tenor Vicente Celestino. O tema era um tanto pesado para as crianças, mas como circo era considerado diversão familiar, fomos. Deslumbrado com o cenário de telões pintados quase não prestei atenção no enredo. Nunca até então havia visto coisa tão bem pintada, tão colorida, tão espetacularmente maior que a realidade. Os telões representavam ora uma rua com casas, postes, gente, tudo que dá vida a uma rua, até desaparecer de vista numa curva; ora o interior de uma casa, uma sala mais ampla e bem decorada, onde móveis de verdade colocados em contraste com o *trompe l'oeil* impressionavam, assim como o balcão do botequim onde o ébrio, já decadente, com o rosto maquiado para parecer arrasado, a barba por fazer, era uma figura de dar dó ao cantar "Tornei-me um ébrio e na bebida busco esquecer aquela ingrata que eu amava e que me abandonou...".

Eu estava com dez anos, cursava o último ano da escola primária e preparava-me para a admissão ao Ginasial Estadual em Igarapava. Iza e Leopoldo, meus irmãos mais velhos, não estudavam mais. Iza, com dezoito anos, namorava o Rui, que trabalhava no escritório com papai. Leopoldo, que não chegara a terminar a primeira série, aos dezesseis anos trabalhava na oficina da Usina. Mané, aos sete anos, vinha se revelando excelente aluna, orgulho de sua professora dona Odracyr, que a aprovara para o segundo ano. Heloísa, a caçula, com apenas três anos era uma criança adorável, alegre e expansiva.

Mamãe tinha duas empregadas solteiras, Guiomar e Dalva. Ajudavam nas tarefas domésticas, pois não era fácil cuidar dos cinco filhos. Mamãe recebera, vinda de Marília, uma mala cheia de roupa usada, roupa boa, enviada pelos parentes em situação melhor que a nossa. Décadas depois, mamãe lembrava e nos contava:

– A Iza andava sempre bem-vestida. Eram tecidos bons. Mesmo as camisas. Naquele tempo as camisas só estragavam no colarinho, por causa da terra vermelha da região. Tinha que esfregar muito o colarinho quando eram lavadas, por isso esgarçavam. Eu as reaproveitava e fazia roupas para vocês. Vocês sempre andaram bem arrumados. As mamadeiras eram fervidas. Éramos pobres, mas, e nisso teu pai também muito ajudou, vocês foram crianças criadas com muita higiene.

Fui aprovado em primeiro lugar no exame de admissão ao ginasial em Igarapava. Papai parecia feliz com o sucesso do filho do meio, já que os mais velhos haviam abandonado os estudos. Contente com meu futuro promissor, papai levou-me numa viagem de trem a Ribeirão Preto. Durante a viagem ele me pegou de surpresa dizendo que o ginasial ia me preparar para a vida adulta. Aquilo me arrepiou: vida adulta era o tipo de vida que eu não via com bons olhos. Papai procurou me fazer entender que tal vida era inevitável.

18

A usina vira Fundação, e eu vou para o ginásio

Um automóvel levava e buscava a meia dúzia de alunos que estudava no Ginásio Estadual de Igarapava. Da primeira série éramos eu e Geralda. Eu ia fazer onze anos. Geralda nem morava na Usina, morava na olaria, a meio caminho entre a Usina e Igarapava. O automóvel era do seu Vítor. Era o único carro que servia de táxi na Usina. Naquela época ainda não havia indústria automobilística no Brasil, e os poucos carros que circulavam eram americanos. O carro do seu Vítor era um Ford velho bem conservado. O ano era 1950, ano em que, por sinal, no mês de julho, todo o aglomerado foi convertido em Fundação Sinhá Junqueira. Em casa havia até uma foto de dona Sinhá sorridente, feliz, assinando a escritura, assistida por Frei Félix à sua direita, Assis Chateaubriand à esquerda e dr. Altino Arantes ao lado de Chateaubriand.

As obras da Fundação Sinhá Junqueira se estendiam além da Usina Junqueira até Ribeirão Preto e São Paulo. Além de obras de assistência social e dos aviões que doara para a campanha *Aviões para o Brasil*, dona Sinhá Junqueira também doara várias obras dos Grandes Mestres para o Museu de Arte de São Paulo (MASP), através de seu idealizador Assis Chateaubriand e de seu diretor Pietro Bardi.

Quando seu Vítor não podia nos levar ao ginásio quem nos levava era seu filho Edinho. Nossa aula no ginásio começava depois do almoço. Com seu Vítor (ou Edinho) na direção o carro parava na entrada da Olaria, onde Geralda já nos esperava. Geralda não devia ter mais que doze anos, mas já estava com os peitos bastante desenvoltos. Quase que arrebentavam os botões da blusa do uniforme. Geralda era boa colega. No primeiro dia, antes de a inspetora ter vindo fazer a primeira chamada, entramos correndo na sala, cada um pegando seu lugar, a carteira, como era chamado o banco escolar. Éramos uma classe mista, meninos e meninas. Os mais bagunceiros correram e tomaram posse dos lugares no fundo. Os mais aplicados assentaram-se nos bancos da frente. Eu não fui nem para o fundo nem para a frente. Sentei-me atrás de Samira Saad. Eu ainda não sabia seu nome nem que ela era *turca* nem nada. Ela era de Igarapava, e as crianças da Usina não conviviam com as de Igarapava. Só estávamos indo estudar lá, agora, porque na Usina não tinha ginásio.

Senti por Samira Saad paixonite à primeira vista. Era a mais atraente da classe. Seu nariz protuberante contribuía para sua altivez. Até seu nome me pareceu *artístico*. Resolvi fazer-lhe a corte. Tímido e inexperiente, não sabia por onde começar. Comecei mandando-lhe recados pela Geralda. E Geralda me trazia as respostas. Pelo que Geralda me contava, Samira Saad agradecia meu interesse, mas não estava a fim, me achava muito infantil. Um dia, ainda no primeiro semestre, Geralda me contou que Samira tinha "ficado moça". A inflexão com que Geralda disse "ficado moça" deixou-me confuso. O que significava "ficar moça"? Nunca ninguém, nem mesmo meus companheiros, tinham se referido às meninas dizendo que alguma de nossas conhecidas tinha "ficado moça". Tive um mau pressentimento, como se algo de terrível tivesse acontecido a Samira Saad, algo que eliminaria minha última esperança de a gente vir a namorar. Daí, sem jeito de entrar logo no assunto, Geralda foi explicando devagar: Samira tinha *sangrado* pela primeira vez.

– Sangrado? Como assim? – perguntei assustado. E Geralda explicou, já com a impaciência de quem explicava de uma vez por todas, o que era "ficar moça". Era menstruar pela primeira vez. Era deixar de ser menina para ser moça. E o que isto significava dali para frente em termos de transformação na vida da mulher. E que ela mesma, Geralda, mas que ficasse entre nós o segredo, tinha "ficado moça" fazia dois meses.

– Quer dizer que você "ficou moça" primeiro que a Samira Saad?

– Fiquei – respondeu Geralda entregando-se e tapando com a mão o sorriso brejeiro.

Achei claríssima a explicação, mas terrível, de qualquer modo. Como? E por que só as meninas "ficavam moças"? E nós, meninos?

Como e quando é que nós "ficávamos moços"? Essa dúvida fui tirar com os meninos mais velhos. E entendi. Nós também ficávamos moços, só que em vez de sangrar, a gente se masturbava, e quando finalmente saísse esperma era sinal de que tínhamos "ficado moços". Sem gozar e sem sair porra nenhuma a gente continuava menino. Eu não me sentia preparado psicologicamente para "ficar moço". Tanto que fui reprovado no primeiro ano ginasial.

O Ginásio Estadual de Igarapava era um solar bonito e imponente situado no topo da colina mais alta da cidade. Construído na década de 1940 no estilo arquitetônico pós-colonial, lembrava mais uma sede de fazenda rica. Ao entrar para cursar o primeiro ano, ou primeira série, como se dizia, já no primeiro dia entendi haver um professor diferente para cada matéria. As aulas de minha classe eram sempre na mesma sala, e cada aluno tinha o seu lugar. Eu continuava sentado atrás de Samira Saad, mesmo já a tendo tirado da cabeça desde o dia em que ela "ficou moça" e eu continuei menino.

As matérias eram as mesmas de qualquer programa ginasial: português, matemática, latim, história, geografia, ciências, francês, desenho, música, educação física, trabalhos manuais e economia doméstica (para as meninas).

Dr. Naím, professor de latim, era bem-humorado, e suas aulas eram como se a matéria não fosse importante para o futuro dos alunos. Matemática, então, foi um desastre. Com o professor Marçal não havia empatia. Álgebra, equação, raiz quadrada, raiz cúbica, ele passava tudo isso de maneira tão impaciente que quem pegava, pegava, e quem não pegava que ficasse pra segunda época. Nesse clima eu simplesmente não conseguia ir além da aritmética aprendida no primário com o bom professor Hélio Albertin. De geografia gostava um pouco mais porque o professor pendurava um mapa-múndi na parede. De história eu gostava menos porque logo entendi que o mundo não aprendia, vivendo sempre de arrocho e sangue. Em minha opinião aquilo era atraso de vida. Se a terra nasceu para todos, por que a história tinha que ser toda ela sobre um querendo tirar a terra do outro? Por isso eu não conseguia me concentrar, mesmo o professor sendo de uma bondade inigualável.

No exame escrito, para não ter que me reprovar em sua matéria, já que eu estava condenado em outras três (matemática, ciências e latim), esse bom professor cujo nome agora não lembro levou-me a uma sala vazia, onde me ditou as respostas. Ele ditava e eu rapidamente escrevia. O professou disse pra eu não contar a ninguém, nem aos colegas. E eu não contei. Estou contando agora, pela primeira vez. Ciências, a quarta matéria na qual era fraco, eu achava a mestra um tanto mórbida no seu prazer em teoricamente dissecar e destrinchar os mistérios do organismo. Para mim o melhor era deixar o organismo quieto no seu mistério.

Só sei que o primeiro ano ginasial não estava fácil. Minhas matérias de fato favoritas eram francês e português. Francês, primeiro, porque era uma língua diferente da nossa. Nessa época no ginasial não se ensinava inglês, e o francês ainda prevalecia. Eu também gostava da matéria porque a professora, dona Diva, era jovem, bonita, simpática e excelente professora. Em francês eu era o melhor aluno da classe, tirava sempre dez, tanto no escrito quanto no oral. Dona Diva entrava na sala e encontrando todo mundo matraqueando logo nos acalmava com sua voz suave, clara e musical: "Bonjour, mes garçons et mes filles, ça va?". Dona Diva era *chic*, *charmant* e dava a impressão de *bien née*. Suas aulas eram bem *à l'aise*. Sempre que havia brecha ela ia soltando: "Mais non!", "Je ne sais pas", "ça c'est vrai", "oui, oui", "merci, merci", "n'a pas de quoi", "un tout petit peu", "c'est la vie", "tant pis". Aquilo era um bálsamo. Dona Diva usava blusas bem-talhadas e justas, blusas de manga curta, mas abotoadas até o pescoço. Ainda assim saltavam aos olhos os seios empinados pelo *soutien* sob a blusa de cambraia de linho. Era uma perfeita "mademoiselle". Ao soar a campainha de fim de aula ela se despedia: "Je vous laisse, quel dommage".

A segunda matéria favorita era português. Professor Bizutti era respeitadíssimo. Mas se por um lado eu gostava de português, por outro não me ligava em gramática. Não conseguia aprender as regras. Escrevia mais por intuição, por instinto, por gostar de escrever. E também por gostar de ler. Talvez por isso fosse bom em redação. Tirava sempre boa nota e passava nos exames. Mas por ser fraco em matemática, ciências, história e latim, sendo aprovado nas duas últimas por bondade dos mestres, ficava sempre em segunda época nas duas primeiras. Como castigo era obrigado a estudá-las nas férias. Em vez de tomar aulas particulares com o Abrão, que além de fazer parte da família (casado com a prima Cida) sabia muito de matemática, preferi tomar aulas com a linda professora primária dona Elza, em sua casa. Resultado: levei bomba duas vezes na primeira série ginasial.

– Viu, seu burro! – disse prima Cida. – Em vez de tomar aulas com o Abrão, que é craque em matemática, foi perder tempo com quem não manja nada do assunto, só porque ela é bonita.

No verão a família almoçava na garagem. Ali era mais fresco por causa da brisa e de uma árvore alta que dava sombra. Durante um almoço estive impertinente, e papai, perdendo a paciência (coisa que raramente perdia), ergueu seu prato cheio de comida e quebrou-o na minha cabeça. Em vez de chorar ou me mostrar ressentido, até gostei porque não doeu. Pareceu-me efeito cinematográfico. Efeito de comédia pastelão. O prato espatifou, os cacos se espalharam, e minha cara ficou coberta de feijão e arroz. Sem ressentimento até passei a me comportar melhor à mesa de refeições.

Era para eu já estar na terceira série ginasial e continuava castigado na primeira. Dona Diva, a professora de francês, era a mais decepcionada – eu já poderia estar no terceiro ano de sua matéria, mas por ter sido mais uma vez reprovado em outras tinha que continuar no primeiro ano. O ano era 1952. Havia pouca afinidade com os novos colegas de classe, todos mais novos que eu.

Um dia, na hora do recreio, fomos perambular pelo descampado onde ciganos de passagem pela região tinham acabado de armar suas tendas. As ciganas, com suas roupas coloridas, estavam espalhadas pela cidade lendo a sorte, enquanto os ciganos, era voz corrente, deviam estar roubando casas cujos moradores haviam saído e deixado abertas as portas de fundo. Quando nosso bando passou pelo acampamento avistamos um único cigano jovem, sentado num toco a martelar um tacho de cobre. O cigano levantou a cabeça e nos encarou sorrindo. Seus olhos brilhavam soltando faíscas por causa do reflexo do sol nos dentes de ouro.

19

Fazendo hora e cozinhando o galo

Minha turma na Usina continuava a mesma. O mais amigo ainda era Ismael. Seu pai, na esperança de que o filho fosse encaminhado a alguma profissão, já que não gostava de estudar, o enviara para viver com os tios em São Bernardo do Campo, perto da capital. O tio amestrava animais e trabalhava na Companhia Cinematográfica Vera Cruz. Era dono do Duque, o cão treinado que atuava nos filmes de Mazzaropi. Quando vinha passar férias na usina, Ismael me presenteava com metros e metros de filmes em 35 mm das produções da Vera Cruz. Eram trechos cortados na sala de edição, explicava. E eu ficava olhando contra a luz os pedaços de filmes imaginando que vida interessante devia ser aquela de fazer filme. Na verdade eu nunca havia visto um filme brasileiro e nem sabia se eram bons, mas o lado patriota torcia para que fossem.

Ismael me contava de Eliane Lage, estrela da Vera Cruz, e de seu marido, o diretor Tom Payne. Cinquenta anos depois, quando eu escrevia a biografia de Yolanda Penteado, sabendo que Yolanda fora a responsável pelo lançamento de Eliane Lage como estrela da Vera Cruz, consegui seu endereço e escrevi-lhe pedindo informações sobre a biografada. Eliane foi de uma gentileza ímpar, passamos a nos corresponder e nos tornamos amigos. Nossa amizade epistolar já estava assegurada quando Eliane lançou sua excelente autobiografia, *Ilhas, veredas e buritis*. Daí eu estava recluso em um vilarejo de pescadores na Cornualha escrevendo estas memórias e escrevi a Eliane pedindo-lhe que me contasse de Ismael, do convívio dele com ela e Tom Payne nos tempos da Vera Cruz. Não demorou e Eliane me respondeu, de Pirenópolis, Goiás, onde vive:

"Caro Bivar, que ótimo que você está escrevendo as memórias da infância, é muito gostoso mesmo. Lembro-me bem do Ismael.

Ele era sobrinho do nosso amigo Martinelli e viviam às turras. Então veio passar uma temporada conosco na chácara perto do Embu. Ele era muito bonito e inteligente, mas não gostava de estudar. Penso que o Tom esperava um dia lançá-lo num filme, mas a Vera Cruz foi à falência levando muitos sonhos para o brejo".

Na carta Eliane conta que foi na época em que nasceu Vivien, a primeira filha, e ela às voltas com fraldas e mamadeiras não tomou conhecimento se Ismael voltara para a casa dos pais na Usina.

Ismael voltou para a Usina. Passávamos a maior parte do dia como no tempo do começo de nossa amizade, que já durava sete anos. Realmente, as mudanças estavam acontecendo, e com elas toda uma época ia ficando para trás. Mas não havia drama no fato. Aos quatorze anos o prospecto de mudança, qualquer que fosse, era excitante. De modo que aproveitávamos o mais que podíamos os dias que nos restavam desse tempo adolescente. Só voltei a vê-lo, e pela última vez, cinco anos depois, num encontro casual em Ribeirão Preto. Estávamos ambos com dezenove anos. Ismael parecia ter-se encontrado. Eu ainda não. Àquela altura, tendo fracassado nos estudos, tinha que trabalhar para me manter. Estava registrado em carteira profissional como "trabalhador braçal", o dia inteiro confinado no almoxarifado da Cervejaria Antarctica em Ribeirão Preto. Ismael, ao contrário, estava feliz, fazendo o que gostava. Trabalhava como tratorista. Ao ar livre, chovesse ou fizesse sol, fosse inverno ou verão. O breve e inesperado encontro fez com que fôssemos celebrá-lo com um chope no *Pinguim*. Esse encontro foi também uma revelação: enquanto eu passava os dias num almoxarifado, Ismael abraçara a liberdade e a estava vivendo em grande estilo, ou fosse, fazendo o que gostava: montado num trator abrindo estradas.

20

A invasão carioca

Em junho de 1951, às vésperas de noivar, Iza terminou o namoro com Rui, que trabalhava como escriturário no escritório onde papai era chefe. Terminado o namoro, Iza recusou propostas de namoro de outros rapazes da região e deu graças aos céus ao ganhar do pai uma passagem aérea para o Rio de Janeiro, para ficar com a avó Apolônia e conhecer toda a parentada carioca – tios, tias e uma vastidão de primos e primas.

Vovó Apolônia e quase todos os parentes moravam na Zona Norte – Penha, Grajaú, Andaraí e Tijuca. O único que morava na Zona Sul, na Rua Joana Angélica em Ipanema, era tio José, irmão de papai e engenheiro do Lloyd Marítimo. Viúvo, tio José casara-se novamente. Sua segunda esposa, Edith, também viúva, era mãe de dois filhos do primeiro casamento – Valdeny e Agnaldo. Do Rio, Iza nos escrevia cartas contando as maravilhas do Rio de Janeiro nesses primeiros anos da década de 1950. O Rio era a Capital Federal, e Getúlio Vargas era o presidente da República. Ainda na Penha, na casa de vovó Apolônia, Iza viu uma fotografia de Agnaldo e se apaixonou. Assim que se conheceram aconteceu total afinidade e começaram a namorar. O namoro teve apoio de todos os parentes cariocas, ainda mais que Agnaldo era da família, enteado de tio José, irmão de papai. E as cartas escritas pelos parentes cariocas chegavam à nossa casa na Usina dizendo que papai e mamãe podiam ficar tranquilos, que Iza estava bem protegida pelo nosso pessoal lá no Rio. Em um ano Iza e Agnaldo ficaram noivos. A cerimônia de noivado foi em nossa casa na Usina. Do Rio vieram, Agnaldo, sua mãe, tio José e outro irmão de papai, tio Eugênio, e sua mulher, tia Carmina. Para buscá-los no Aeroporto Mário Franco, em Uberaba, papai fretou dois carros. E nossa casa virou uma festa carioca. Depois do noivado os visitantes aposentados resolveram esticar a temporada até depois do carnaval. Tio Eugênio era ótimo fotógrafo amador e registrou a temporada na região. E tia Edith, sempre impecavelmente vestida, bem penteada e muito festeira, tratou de nos preparar – eu, Mané e Heloísa – para o baile carnavalesco infantil no Clube Recreativo. Optou-se pela fantasia de turco. Mané e Heloísa tiveram outras fantasias nos outros dias, mas eu continuei com a de turco estilizado durante toda a folia carnavalesca: na cabeça o fez de cetim preto armado sobre cartolina e com desenho em purpurina da lua nova e da estrela; na cara o bigodinho fino desenhado com lápis de sobrancelha; bolero preto com aplicações de pingentes de luas e estrelas de latão prateado; calça bufante de chita com elástico na cintura e nas canelas; nos pés alpargatas com aplique de bico apontado para o alto feito sapatilha turca. Tio Eugênio nos fotografava, e eu descobria o prazer de posar. Nesse carnaval houve também desfile nas ruas da Usina, e eu, fantasiado de turco, dei um jeito de subir na carroça abre-alas. Anunciava-se que o desfile ia ser filmado, o que de fato aconteceu. Meses depois, quando a cópia ficou pronta e o filme ia ser exibido numa sessão especial na tela do Puxa Faca, corri e sentei-me na primeira fila, crente que ia aparecer tão espetacular quanto os astros e estrelas dos filmes americanos. A decepção foi total. Embora colorido, saiu tudo fora de foco, tremido e embaçado, não dando nem pra ver direito a minha cara. E nem a cara dos outros. Foi o primeiro filme nacional que assisti, e esse não tinha nem título nem créditos.

21

O casamento de Iza e Agnaldo

Foi o primeiro casamento realizado na recém-inaugurada igreja da usina, a linda igreja de São Geraldo. Do Rio de Janeiro vieram ainda mais pessoas que das outras vezes. Para os que não cabiam em nossa casa nem nas casas dos parentes, papai arranjou com a gerência da Usina uma casa desocupada perto da nossa. Foram providenciadas camas, roupas de cama, toalhas, sabonetes, papel higiênico etc. Além dos cariocas do lado de papai e da família do noivo veio também um grande número de parentes do lado de mamãe e que moravam em São Paulo, Marília, Bebedouro, Avaré e outras cidades do estado. E também amizades de longa data. Até dona Sinhá Junqueira veio de Ribeirão Preto. Por dois fortes motivos: primeiro porque a noiva fora sua protegida quando criança na Residência na Fazenda São Geraldo, e principalmente porque Iza era neta de Fioravanti Battistetti, seu melhor administrador de tantos anos, formador de tantas fazendas produtivas dela e do marido (o há muito falecido Coronel Quito Junqueira). Dona Sinhá e vovô Fioravanti, orgulhosos por Iza, eram as presenças mais idosas no casamento. Décadas depois, em seu estilo conciso, sobre o casamento da filha mais velha, mamãe escreveu em seu livro de memórias: "O casamento foi lindo. Até hoje as pessoas se lembram e comentam que na Usina não teve outro igual. Lá isso para mim não é importante e, sim, o fato de se amarem e serem felizes. Foi o que eu disse ao dr. Bráulio anos depois, no casamento de Eliana (filha de Cida e Abrão, neta de Chiquinho e Cizelda), quando ele disse que não esquecia do casamento da Iza. Foi lindo mesmo".

Décadas depois pedi que Iza me contasse mais da festa. Papai e mamãe já haviam falecido, e já ia pra quase dez anos desde que Iza e Agnaldo haviam celebrado as bodas de ouro com missa na Igreja Nossa Senhora da Paz em Ipanema, onde residem desde o casamento. Fui um dos escalados para falar no púlpito. Depois da missa, dois ônibus fretados levaram os convidados ao almoço reservado em restaurante na Barra da Tijuca. Mas daí, quase dez anos depois das bodas de ouro, liguei para minha irmã e pedi-lhe que me contasse mais detalhes de seu casamento para eu pôr neste livro.

– Iza, qual foi a data do teu casamento?

– Era dia de São Cristóvão, 25 de julho de 1953, e também dia do apóstolo Tiago.

E Iza contou: a cerimônia civil foi em casa – Iza citou os presentes e os padrinhos, mas, distraído, não anotei, mais interessado que estava nos detalhes do religioso. O vestido de noiva, de renda e tule franceses, foi feito pela sogra. O noivo vestia um terno azul-marinho de tropical inglês feito sob medida por um alfaiate no Rio. Eram quatro as damas de honra: Mané e Heloísa, irmãs da noiva, e Eliana e Elsie (a menorzinha), filhas da prima Cida. Todas em vestidos de um tecido leve verde claro, cor escolhida pela noiva. Os vestidos das damas de honra foram feitos por mamãe. O menino Paulo César, sobrinho do noivo, vestido de pajem, levou as alianças. No religioso os padrinhos de Iza foram vovô Fioravanti e tia Celeste (tio Fernando, irmão de mamãe e marido de tia Celeste, não pôde ir porque ficou para o nascimento do neto, em Bebedouro). Os padrinhos do noivo foram sua irmã e marido. A noiva entrou com o pai. O maestro Étore Casadei e seus músicos executaram a "*Marcha nupcial*", de Mendelssohn. Em batina branca engomada e com os óculos de aros grossos Frei Félix realizou o casamento. Na recepção, em nossa casa, a presença de dona Sinhá e do gerente da usina, dr. Bráulio e dona Laura. E a confraternização dos filhos, genros, noras e netos de vovô Fioravanti, que estava feliz com a reunião familiar e o casamento de mais uma neta. Foi, enfim, um casamento memorável. Quanto ao Frei Félix, a quem tantas vezes me confessei e que nunca julgou que a penitência merecesse sacrifício maior que um pai-nosso e uma ave-maria, ele mesmo, Frei Félix, alguns meses depois do casamento de Iza e Agnaldo, como que já tendo cumprido sua missão religiosa, abandonou o hábito e fugiu com uma japonesinha, uma linda nissei da região. Foram viver em algum lugar distante no noroeste paulista, e de Frei Félix não tivemos mais notícia.

22

Adeus Usina, alô mundo

Ninguém melhor que minha mãe para contar o trauma que foi a nossa mudança da Usina. E ela o fez, quase quatro décadas depois, em seu livro de memórias: "Nove meses depois do casamento de Iza, Antonio desentendeu-se com o irmão do dr. Bráulio e pediu demissão. Dr. Bráulio não queria aceitar. Pediu que Antonio pensasse bem, que ia ser difícil colocação por causa da idade, 54 anos. Mas não adiantou. Foi um deus nos acuda. Todos nós sofremos muito por mudar da Usina. Dessa vez vivemos treze anos lá e adorávamos o lugar. Era abril, no meio do primeiro semestre escolar. Deixei Heloísa com Cizelda, a Mané, que estava na primeira série ginasial, com dona Henriqueta, a querida amiga, em Igarapava. Bivar foi para Bebedouro, ficar com Fernando e Celeste. Leopoldo ficou na Usina trabalhando na oficina e morando na pensão de dona Maria Manso. E eu fui para o Rio, para o nascimento de Luiz Eduardo, meu primeiro neto, filho de Iza e Agnaldo. Antonio arranjou emprego em outra Usina, perto de Pitangueiras. Alugou casa em Pitangueiras onde finalmente nos reuniríamos, nas férias escolares de julho".

Eu estava com quinze anos quando nos mudamos da Usina e fui mandado para a casa de tio Fernando e tia Celeste, em Bebedouro. Tio Fernando era dono do melhor restaurante da cidade, e eu ajudava em alguma tarefa quando solicitado. Aprendi a bater chantili e ir de bicicleta entregar comida nas residências finas e mesmo em algumas casas mais bem frequentadas, na zona. Tio Fernando também era proprietário de uma fazenda produtora de laranja. Com muito entusiasmo e trabalho a fazenda era tocada pelo filho Nivaldo. Nivaldo era casado com Lúcia e eram pais de duas crianças adoráveis. Eneida, a filha mais velha de meus tios, era médica e morava em São Paulo. Anos depois se casaria com Eduardo, filho do conde Francisco Matarazzo. Nos meses em que passei em Bebedouro a única vez que fui ao cinema foi quando tia Celeste, pondo dinheiro na minha mão, mandou que eu fosse à matinê porque o filme era um épico bíblico e como tal devia ser instrutivo. O cinema ficava em frente ao restaurante de meus tios, e o filme era *Quo Vadis*, de 1951, e só agora em 1954 exibido no único cinema de Bebedouro. A direção era de Mervyn Le Roy, diretor de vários filmes que eu assistira na Usina, como *A ponte de Waterloo*, *Quatro destinos*, *Madame Curie* e *Trinta segundos sobre Tóquio*. Em *Quo Vadis* o que mais me impressionou foi a sequência em que Nero (genialmente interpretado por Peter Ustinov) ordena que Roma seja incendiada.

Em novembro de 1954, seis meses depois de nos mudarmos da Usina, dona Sinhá Junqueira (aos oitenta anos) faleceu em Ribeirão Preto. Sem herdeiros diretos deixou uma bela obra humanitária. A grande imprensa registrou. A *Folha da Manhã*: "A Alta Mogiana perde uma das figuras de maior destaque. Sua atuação destacou-se, sobretudo, no amparo à infância". O *Correio Paulistano* destacou seu espírito filantrópico. *O Estado de São Paulo* exaltou seu caráter e coração. O *Diário de São Paulo*, face às ligações de Assis Chateaubriand com dona Sinhá, foi o que deu maior espaço na primeira página: "Com a morte de dona Sinhá perde o Brasil uma das mais expressivas figuras femininas de sua história". Exaltando as suas virtudes e ressaltando as doações feitas e as campanhas de que participou, o jornal dedicou-lhe um obituário de página inteira.

Com o passar das décadas voltei duas vezes à Usina Junqueira. A primeira, 29 anos depois de ter mudado de lá. Foi quando casualmente reencontrei uma amiga, Teodora Arantes, que conhecera em Londres em 1971. Mais de uma década depois e por uma dessas fabulosas coincidências, nesse reencontro casual em São Paulo foi que Téo (como é tratada) contou-me ser bisneta de Altino Arantes e da ligação de sua família com a Usina. Seu pai era o atual presidente da Fundação Sinhá Junqueira. Nessa época, 1983, Téo era casada com o diretor teatral Antunes Filho. Iam passar uma semana na Fazenda São Geraldo. Contei-lhe de minha infância lá, e Téo, surpresa, convidou-me a ir com eles. Hospedamo-nos na casa que fora durante tanto tempo residência de meus avós, casa onde se casaram alguns de seus filhos, casa onde nasceram netos, inclusive minha irmã, a Mané! Nessa visita, a casa, a fazenda, e a um quilômetro dali a vila da usina, tudo me pareceu bem cuidado e conservado. Na ocasião visitei a única parenta que continuava na usina, a prima Geny, que fora minha primeira professora. No feliz encontro Geny lembrou-me ter sido ela quem me alfabetizou. Tia Cizelda e tio Chiquinho, pais de Geny, já haviam falecido. Dos amigos de infância, estive com Elza Pereira Pardim, que fora empregada de tia Cizelda e minha confidente. Elza, agora uma senhora bem casada, mas sempre jovial, era professora no grupo escolar. Demos boas risadas lembrando nossa infância e adolescência.

Anos depois, quando faltavam poucos meses para fazer cinquenta anos que nossa família se mudara de lá, voltei à Usina. A Fundação Sinhá Junqueira continuava, mas sem a força e o empenho de quando dona Sinhá e aquele elenco de pessoas talentosas cuidavam pra que o lugar fosse um paraíso. Agora, explorada pelo sistema terceirizado, aquela utopia era coisa do passado. Com o avanço tecnológico no boom do etanol, o trabalho humano foi reduzido, a maioria das casas estava vazia, e a vila dava a impressão de cidade fantasma à luz do dia. A Igreja de São Geraldo, onde tantas vezes comunguei depois de me confessar com Frei Félix, igreja onde Iza e Agnaldo se casaram, estava de dar dó. Vitrais quebrados, paredes manchadas por décadas de infiltração, umidade e abandono. A igreja estava fechada. Seu interior, visto pela porta de vidro encardido, pareceu-me sombrio e desolado. Perambulei pela vila e não me surpreendi ao avistar em uma das ruas de trás uma igreja evangélica, coisa que no nosso tempo não existia. O grupo escolar, onde estudei, pareceu-me bem cuidado, sinal de que o estudo primário ali continuava sendo levado a sério. O antigo escritório central onde meu pai fora chefe de seção fora transformado em museu. Merecidamente, com sua imponente arquitetura de palácio. Desde a escadaria de entrada até seu interior, tudo muito limpo e bem conservado, o assoalho encerado, fotos enquadradas na parede (vi meu pai em foto de grupo), móveis e mesas de peso, livros de registros, uma antiga máquina de escrever, equipamentos superados do maquinário do açúcar e álcool e uma bela estante de madeira de lei com porta de vidro grosso através do qual se podia ver livros de capa dura, livros raros em várias línguas, não apenas clássicos da literatura universal, mas também autores que foram modernos em décadas passadas. O doador, pessoa ligada a dona Sinhá e à Usina, e certamente já falecido, sem dúvida foi homem de vasta cultura e extremo bom gosto. Mas o antigo escritório central e agora museu tinha, também, uma ala moderna e franqueada aos (ainda) moradores. Nessa ala havia uma boa biblioteca com mesas, cadeiras e estantes com os títulos que iam de Machado de Assis a Paulo Coelho. Ali, *O senhor dos anéis*; do lado oposto, o *Chic*, de Glória Kalil. Àquela hora do dia a biblioteca estava vazia, mas cheia estava a sala dos computadores. Bem equipada, nela crianças e jovens abduzidos pela Internet nem deram pela minha presença. Achei a visita proveitosa e mais ainda porque, na conversa com as duas moças simpáticas que tomavam conta daquilo tudo, elas me contaram da vida atual na Usina.

Os clubes, o Puxa Faca e o Recreativo, não mais existiam. Foram postos abaixo. Perambulei pela vila e fui, cortando o canavial, até a Fazenda São Geraldo. O casarão que fora o lar de meus avós continuava de pé. Não deu para visitá-lo, havia agora uma guarita e um guarda incumbido de não deixar entrar estranhos em hipótese alguma a não ser com autorização escrita da reitoria. Do que dava para ver do lado de fora, tudo me parecia desolação. O fabuloso jardim de dona Sinhá e a majestosa Residência – o impenetrável castelo mágico de minha infância – estavam escondidos por um matagal que tomara conta, encobrindo tudo. Uma placa avisava que o antigo pomar não mais existia; em seu lugar havia agora mais um canavial.

E voltei à vila pela antiga estrada de flamboyants. Essa estrada fora desativada, e as árvores pareciam ressentidas. Mas no geral, mesmo com o abandono e as mudanças, essa visita não me desagradou. Muitos marcos da infância ainda resistiam. Quis ver a rua onde ficava a nossa última residência. A rua onde moravam também Ismael, Teresa Mulão, os Versiani, os Bezerra, dr. Waldemar e família, Brasilina e Leonor, dona Evangelina e dr. Ulisses, as Fantucci... Queria dar uma espiada nessa rua, rever a nossa casa e sentir se na verdade era a bela casa que eu tinha na memória. A rua agora estava fechada por uma alta grade de metal treliçado. À entrada, uma guarita e o guarda. Expliquei-lhe que aquela tinha sido a minha rua, a casa de minha família, queria só dar uma olhada e desencantar os fantasmas. De má vontade o guarda deixou-me passar, mesmo lançando-me um olhar desconfiado. Nossa casa agora servia de escritório. O jardim, o pomar, também já não existiam. A casa me pareceu constrangida e consternada por eu revê-la assim amesquinhada. Não me foi permitido nela entrar nem para uma simples espiada de reconhecimento. O resto da Usina, com suas quinze ruas e a maioria das casas desocupada, parecia de fato uma cidade fantasma. Soube que essas casas estavam disponíveis a quem quisesse alugar a preços surpreendentemente baixos. No nosso tempo não se pagava aluguel. Dos antigos moradores, pouquíssimos permaneciam. Duas filhas de dona Maria Fantucci continuavam na vila. Informado, fui bater à porta de uma delas, na praça. Maria (o mesmo nome da mãe) habitava a casa que fora a residência de dona Odracyr Tibiriçá Passos Barros, a primeira professora de Mané.

Eram seis horas da tarde, e Maria veio atender de terço na mão. Terminou a ave-maria e conversamos. Claro, ela se lembrava de mim! Ficou surpresa com minha aparição. Simpática, contou que a irmã (Vera Fantucci) morava lá atrás, na casa vizinha da igreja evangélica. Dos meus amigos de turma não tinha mais nenhum. Seis horas da tarde, o marido já ia chegar. Convidou-me a entrar, mas preferi não interromper seu resto de reza.

O Rio Grande, lá para os lados da ponte de ferro que ligava os dois estados e onde ficava a estação do trem da Mogiana – e o vagão abandonado, moradia de Maria Carrapato e sua filha muda – havia sido transformado em represa hidroelétrica de águas claras; em ambas as margens, civilizadamente distanciadas umas das outras, imponentes residências de veraneio dos novos ricos da região, mineiros do lado de lá e paulistas do lado de cá. Aquilo, de longe, (porque só vi de longe e anoitecia) pareceu-me vistoso. Sinal de que na região também havia uma classe emergente. Até Igarapava, antes tão sem graça, pareceu-me mais bonita que no meu tempo de ginásio. No centro o comércio estava bem organizado e distribuído, com lojas de roupas, móveis e eletrodomésticos. Calçadas limpas, um restaurante popular de comida a quilo, e na esquina a sorveteria. A praça limpa, reconheci nos bancos de mármore nomes daquele tempo, inclusive o da família de minha professora de francês. Entrei na igreja Matriz e me senti em paz no silêncio acolhedor. Fazia minha oração quando um som bate-estaca ensurdecedor atravessou os vitrais agredindo-me os ouvidos. Saí rapidamente para certificar-me de onde vinha a barbaridade sonora. Vinha de uma enorme e envidraçada academia de malhação. Dentro e no uso de seus aparelhos, rapazes, moças e senhoras malhavam. Segui caminho, deixei o centro e ziguezagueando subi até um bairro tradicional e conservador. Boas casas, a maioria recentemente pintada, cadeiras de vime almofadada nas varandas, jardinzinhos bem cuidados e floridos, tudo muito decente e convidativo. Visitei o ginásio onde fora seguidamente reprovado. Não era mais ginásio, era um centro educativo para menores carentes. Também me pareceu bem cuidado. A diretora, simpática, deixou-me ir à minha antiga sala de aula. Lembrei-me até de onde ficava minha carteira, atrás da carteira de Samira Saad.

23

Feliz vida anacrônica

Com nossa mudança da Usina Junqueira, os meses seguintes foram de tantas mudanças e tantos lugares onde papai trabalhou e a família o acompanhou que só escrevendo um capítulo inteiro para contar. Nenhum dos lugares se comparava à Usina, mas como papai não parava muito tempo em emprego algum e a família tinha que segui-lo, as mudanças até que serviam para nos distrair e de algum modo nos preparar (ou despreparar) para a vida. A primeira parada foi em Pitangueiras, cidade pequena que dava a impressão de ter tido dias melhores. Papai era o guarda-livros de uma fazenda próxima e nos ajeitou em um casarão à beira da estrada de ferro. Nosso único contato com o mundo lá fora era o rádio e a estação ferroviária. A televisão, inaugurada no país havia uns dois anos, ainda não chegara ao *hinterland.* Em Pitangueiras o único cinema era um poeira cujos cartazes desbotados não me atraíam. O ano era 1954, e duas notícias ficariam gravadas na memória: Marta Rocha em segundo lugar no concurso Miss Universo (brasileiro não engolia a desculpa esfarrapada de que a linda baiana perdera o título para a americana por conta de duas polegadas a mais nos quadris); a outra notícia que assustou o país e a nós ali naquele fim de mundo foi a do suicídio do presidente Vargas no Palácio do Catete.

Em Pitangueiras nem ginásio tinha. Só Heloísa frequentava a escola, porque ainda estava no primário. Papai disse que logo estaríamos mudando para outro lugar, o que não demorou a acontecer. E fomos no caminhão ajeitados junto à mudança rumo à Fazenda Santa Dulce, uma fazenda abandonada. A fazenda podia estar desativada, mas a sede era uma bela construção, e foi para ela que mudamos. Era um solar solitário entre grandes árvores ressequidas. Tudo em volta parecia seco e abandonado. Mamãe nos alentou dizendo que o verde voltaria com as chuvas depois do estio. No casarão eram tantos os quartos que até pude escolher um que fosse só meu. A grande varanda ocupava toda a frente e parte ao redor. Não tínhamos vizinhos. O único empregado e sua família moravam a uns duzentos metros. Papai, Leopoldo e eu íamos todas as manhãs trabalhar na Fazenda Aparecida, que ficava perto. Leopoldo ia de bicicleta, papai e eu de charrete. O empregado da fazenda trazia pronta a charrete com o cavalo encilhado. Papai deixava que eu a guiasse. Guiando a charrete estrada afora eu me sentia em pleno faroeste.

A Fazenda Aparecida, onde trabalhávamos, era uma fazenda de cultivo de agave, planta da qual se extrai o sisal. Papai, 54 anos, tocava o escritório; Leopoldo, 21, trabalhava na máquina que extraía a fibra com a qual são feitos barbante, corda e carpete; eu, aos 15 anos completos, era o encarregado do almoxarifado (na verdade um depósito de coisas necessárias ao funcionamento da fazenda e outro tanto de tranqueira que já não servia pra nada). Eu passava o dia inteiro sozinho nesse galpão. Longe de lamentar as longas horas vazias, aprendi nessa solitude o que mais tarde entenderia como *estado zen*. Impressionante como na vida tudo serve de treino e aprendizado.

Vovô Fioravanti veio morar conosco. No porão da casa ficava o covil das serpentes. Na grande sala as cobras, até então acostumadas à independência no rastejar enquanto a casa não tinha gente, com a nossa chegada, não se intimidaram e continuaram se achando donas do solar e por isso surgiam rastejando quando menos as esperávamos. Vovô Fioravanti com sua bengala de ponta fina matava no mínimo uma cobra por dia. Matar cobra e mostrar a bengala era seu esporte de idoso aposentado agora vivendo nessa fazenda. As cobras eram dependuradas na cerca de arame farpado a uns cinquenta metros do lado direito da casa. Eram cobras de vários tipos, algumas pra mais de metro.

Havia um riacho de águas claras e peixinhos espertos. Mané e Heloísa não entravam na água. Quando muito Heloísa punha os pés. Mas eu, de calção e sabonete, me esbaldava. Tomava banho ali mesmo. A água ficava perfumada. Minha natureza era espontaneamente sofisticada.

Uma vez por mês, quando recebia meu mísero salário de menor como almoxarife na Fazenda Aparecida, eu tomava o trem e ia passar o fim de semana em Ribeirão Preto. Passava pela casa de minha tia-avó Marieta, irmã de vovô Fioravanti. Era uma casa grande de esquina com a varanda abrangendo os dois lados. Tia Marieta, viúva, tinha uma filharada, uns casados e quatro solteirões, dois homens e duas mulheres, que moravam com ela. Era uma casa rica, animada, a estante cheia de livros, a grande sala com revistas e novidades. Eram usineiros e proprietários da maior metalúrgica da região. Eu permanecia lá o tempo de uma boa visita para depois, na volta, contar à mamãe como estavam a tia e os primos, parentes que mamãe muito estimava pelas lembranças de sua infância feliz com eles. Depois eu ia para a casa da tia Aída (irmã de mamãe) e tio Ângelo, seu marido. Era uma chácara mais simples, mas muito agradável. Cada filha casada tinha sua casa na chácara. Depois do almoço todos se reuniam para conversa alegre sob a frondosa mangueira.

Nessas idas mensais a Ribeirão Preto eu não deixava de passar na Agência São Paulo para ver as novidades. A novidade maior eram as revistas de cinema, americanas, importadas. A *Photoplay* e a *Modern Screen*. As revistas vinham abertas, e eu primeiro as folheava pra ver a que estava melhor, já que meu dinheiro só dava para comprar uma e eu ainda tinha que comprar dois discos em 78 rpm, que a vitrola em casa só tocava essa rotação. Faltava pouco para a explosão do rock'n'roll, de modo que o que mais se aproximava do que viria a seguir eram Guy Mitchell com seu rockabilly e Tereza Brewer com suas baladas. Nessas curtas viagens mensais a Ribeirão Preto eu também ia ao Cine São Jorge assistir algum filme em cinemascope. *O rio das almas perdidas.* Mas o entusiasmo por cinema só voltaria no ano seguinte com a renovação de elenco e filmes que falavam à juventude. E assim tomava o trem de volta pra casa e mais um mês naquela imensidão vazia e maltratada, mas ainda assim de uma beleza impressionista onde, para falar a verdade, não sentia falta de quase nada.

Um dia, de nossa casa na Fazenda Santa Dulce ouvimos longe uma cantoria se aproximando. Era uma romaria de miseráveis rurais em cantilena implorando ao céu que mandasse chuva, pois o estio não acabava nunca e a natureza estava trincada de tão seca. Dias depois raios e trovões trouxeram de volta o aguaceiro. E as chuvas chegaram. No Natal tivemos no almoço um tatu que alguém caçara, matara e dera a papai. Mamãe, que até então nunca tinha cozinhado tatu, fez com que este (já sem o focinho, as unhas, o couro e a casca) lembrasse, no tempero e no sabor, um verdadeiro pernil. O Natal foi pobre e sem presentes, mas o presépio armado na sala encheu de orgulho a família. A partir de sua base de madeira, trabalho de carpintaria executado por Leopoldo. A mim coube a tarefa de colher musgos usando a pá inoxidável com a qual mamãe virava o omelete. O musgo em pedaços grandes lembrava um bonito gramado. Sobre esse gramado, vaquinhas, carneirinhos, pastores com seus cajados – coisas de antigos presépios que mamãe guardava numa caixa de sapato. Na manjedoura, sob um teto de palha, o menino Jesus no berço tendo ao lado José, Maria, anjos e os Reis Magos. A estrela no céu era presa no alto de uma vareta. O presépio foi montado junto às vidraças que davam para a cerca com as cobras mortas penduradas. Eu ignorava aquela cerca. Achava de mau gosto. Mesmo porque dentro de casa as cobras já não davam mais as caras para a bengala pontiaguda de vovô Fioravanti. E é interessante agora notar que durante o tempo em que vivemos nessa casa ninguém levou picada de cobra.

Nessa única vez de Natal e Epifania que passamos na Fazenda Santa Dulce, mamãe foi avisada pela mulher do empregado que romeiros viriam comemorar a Folia de Reis em nossa casa. Homens, mulheres e crianças. Gente humilde e simplória. Não sabíamos de onde vinham nem pra onde iam. Mamãe, avisada, preparou uma mesa com bolo, café, refresco e o que mais tinha na despensa. Saciados até o próximo presépio, os romeiros assim como chegaram saíram, cantando noite adentro.

Na enorme cozinha o grande fogão era à lenha. A chaminé, quando mudamos, estava entupida. Mamãe cozinhava com a fumaceira invadindo a cozinha e toda a casa, onde as portas estivessem abertas. Mas em fevereiro chegaram do Rio, de férias, Iza, Agnaldo e Luiz Eduardo, o primogênito, ainda bebê. Destro em tudo que fosse reparo doméstico, Agnaldo se divertiu desentupindo a chaminé e a parte hidráulica, levando água quente aos banheiros da casa. Sem cobras, chaminé desentupida, água quente para o banho e a visita do ramo carioca da família e meu primeiro sobrinho, o conforto familiar era inquestionável. Tudo parecia ir bem, até papai se desentender com o administrador da Fazenda Aparecida e pedir as contas. Papai também era um apostador inveterado. Mamãe vivia rezando para que ele deixasse o jogo, mas em papai o vício das apostas era maior que suas outras inumeráveis virtudes. De modo que o jeito foi mais uma vez procurar outro emprego e mudar de lugar. Foram tantas fazendas, tantas mudanças e tantos episódios insólitos que às vezes tenho a impressão de que levamos uma eternidade nessa vida, quando na verdade não foram mais que alguns meses, um ano no máximo.

24

Na Exposição Clipper

Sempre que a situação ficava difícil, papai desaparecia. E reaparecia quando de sua volta só mamãe tinha certeza. Tia Aída, irmã de mamãe, tomou providências. Falou com tia Marieta. A irmã de vovô Fioravanti, não imaginando a gravidade da situação, falou com os filhos, que prontamente ofereceram a chácara da família para que mudássemos para lá.

A Chácara Bianchi era um verdadeiro oásis na periferia de Ribeirão Preto. Para começar, tinha duas grandes piscinas com trampolins. Os fins de semana eram animados pela horda de primos e primas de segundo e terceiro graus. Os pais eram ricos, tinham automóveis. A chácara, bastante grande a ponto de abrigar inclusive um pasto com uma vaca brava, um chiqueiro de muitos porcos e bichos-de-pé, um pomar variado de frutas, duas casas, jardim tratado e a área de lazer com generosas churrasqueiras, mesa de cimento volteando uma das figueiras, vestiários masculino e feminino, chuveiros para banho pós-piscina e dependências sanitárias.

A casa principal, mobiliada, e a casa dos fundos, mais modesta e vazia. Mamãe optou por essa casa porque dava para enchê-la com nossos móveis. Era uma casa decente, se bem que ao lado do chiqueiro. Vovô Fioravanti e eu ficamos com dois quartos na casa principal. Vovô ficou com o quarto mais longe e eu com o quarto perto da entrada.

Se o casarão na Fazenda Santa Dulce em nossa chegada era um covil de cobras, a casa principal da Chácara Bianchi era morada de morcegos. Vovô Fioravanti fazia vista grossa para os "ratos voadores", mas verificava com a bengala se não entrara algum em seu quarto de portas e janelas sempre fechadas. A essa altura papai estava de volta e com seus conhecimentos arranjou-me emprego n'A Exposição Clipper, a primeira loja de departamentos na cidade, recentemente inaugurada. Era uma fusão de duas grandes lojas da capital, A Exposição e a Clipper. Eu começaria como garoto de entregas. Estava com quinze anos. Papai assegurou que se eu prestasse atenção poderia aprender muito nesse emprego e nele evoluir.

Mamãe todas as manhãs vinha me despertar para o trabalho. Entrava de leve no meu quarto na casa principal e ia me despertando com delicadeza, jamais me arrancando bruscamente do sono. Só uma vez fui despertado com seu grito. Nem tive tempo de entender o susto. Ela mandou que eu ficasse quieto. Pegou a toalha de rosto e a jogou, certeira. Era um morcego que dormia no meu pescoço. Mamãe enrolou o morcego na toalha, abriu a janela e o jogou fora com toalha e tudo. A partir daí eu fazia como vovô Fioravanti: vasculhava o quarto antes de dormir pra me certificar de que não tinha morcego de tocaia.

No papel de garoto de entrega eu rodava a cidade de bicicleta entregando as compras nas residências dos fregueses. Ribeirão Preto não chegava a 140 mil habitantes. A maioria dos fregueses era gente rica que morava em casas vistosas no alto da cidade. Tocar a campainha no portão do jardim e esperar que alguém viesse atender era sempre um suspense. Quando vinha a própria dona da casa receber os pacotes, se eu já a conhecia de vista na loja achava o máximo. Dona Dorcy Bergamini, por exemplo, era considerada uma das senhoras mais elegantes da cidade. Fazer entrega de bicicleta foi outro aprendizado importante nessa fase. No ano seguinte eu voltaria a estudar. Colégio noturno era o que não faltava em Ribeirão Preto.

Nos dois anos e alguns meses que trabalhei na Exposição Clipper passei por várias funções. De garoto de entrega fui promovido à seção de embalagem, onde até que me saía bem embrulhando para presente. Quando era semana de mudar vitrine, o vitrinista vinha de São Paulo, e eu era escalado como seu ajudante. Na vitrine coberta com pano para impedir a curiosidade dos transeuntes, Silvandiro Frateschi, o vitrinista, vestia os manequins de gesso, masculinos, femininos, adolescentes e infantis, com a última moda. Eu, ali de ajudante, só aguardando a ordem do vitrinista para enfiar no pé da *garota soquete* o sapato de saltinho carretel. De modo que também aprendi bastante sobre a arte de montar vitrine. Mas aí o gerente descobriu que meu gosto musical era mais apurado e atualizado que o do resto dos funcionários e fui incumbido de escolher os discos a servirem de trilha sonora da loja durante o expediente. Era um prazer ir à Casa Froldi, a loja de discos. Ana Lúcia, a gerente, até que se divertia com a minha seleção. Trilha sonora de uma loja chique tinha que ser de acordo. Isso ninguém precisou me falar. Les Elgart, Ray Anthony, Billy May, Mantovani, Julie London ao cair da tarde e Valdir Calmon de montão. Músicas que iam bem com a atmosfera da loja e causavam boa impressão à clientela. Outro grande acontecimento social na cidade eram os desfiles de moda que a loja trazia da matriz a cada mudança de estação. Vinham de São Paulo roupas, diretor, manequins e assistentes. Abelardo Figueiredo era sempre o diretor. A bela chinesa Christine Yufon e a charmosa francesa Annette eram as manequins-vedetes. A essa altura eu já havia sido promovido à seção do crediário, no primeiro andar, executando tarefas de datilógrafo e office boy. Daí eu estava conversando com seu Figueiredo, o chefe, quando surge uma senhora bonita e bem tratada, da equipe de Abelardo. Ela estava à caça de um jovem que pudesse atuar no desfile como garçom, conduzindo bandeja de chá atrás das manequins. Ela olhou para mim, para o gerente, me apontou e disse:

– É ele.

E eu com cara de "Eu?!".

Eu mesmo. Em dois desfiles. Um na Sociedade Recreativa (clube da elite ribeirão-pretana na época) e outro num clube em Franca, cidade não muito distante. No desfile na Recreativa até que me saí bem, mas no de Franca! E lá ia eu, vestido de garçom estilizado pisando firme na estreita passarela, sem olhar nem para a esquerda nem para a direita, mas de olhos vidrados nos quadris da francesa que desfilava em frente, sem ter percebido que o salto dela deslocara a emenda do carpete e pimba: tropecei na emenda solta fazendo voar bandeja, xícaras, pires, bule, colheres e o açucareiro pra todos os lados onde a plateia bem assentada contornava a passarela.

25

Sabes o que quero

A primeira vez que tive notícia do Elvis Presley foi quando, aguardando minha vez no salão do barbeiro, folheava a revista *O Cruzeiro*. Nela uma reportagem sobre o cara. As fotos em preto e branco impressionavam. "Elvis, the Pelvis." E a imprensa começava a difundir o fenômeno rock and roll. Um filme da Metro, *Sementes de violência*, lançado pouco antes, mostrava o conflito entre um professor bem-intencionado e alunos rebeldes. Um dos alunos, papel interpretado por Vic Morrow, no auge da rebeldia, quebrava discos na sala de aula enquanto a trilha sonora atacava de "Rock Around the Clock" com Bill Haley e seus Cometas. A imprensa sensacionalista alardeava que em tudo que era cinema onde o filme era exibido a garotada ensandecida pelo ritmo alucinante estraçalhava as poltronas. Para o bem ou para o mal, a partir da segunda metade da década de 1950 a impressão era que a juventude ganhava seu espaço. Nos discos, nas revistas, na televisão, nos cinemas e nas ruas. Os céticos torciam os narizes dizendo que aquilo era moda passageira. Moda ou tendência, Hollywood acreditava na juventude como filão e investia pesado em temas centrados nos tormentos juvenis. *East of Eden* (no Brasil, *Vidas amargas*), *Picnic* (*Férias de amor*), *Rebel without a Cause* (*Juventude transviada*) se destacavam nesse filão. Em nenhum desses filmes tinha rock na trilha sonora. O rock rolava mesmo era em dezenas de produções baratas exibidas durante a semana em cinemas de segunda categoria. As melhores telas ignoravam essas produções pobres e continuavam exibindo as melhores produções hollywoodianas, ainda que o público a essa altura preferisse os filmes italianos da Lollobrigida e da Loren, os franceses da Brigitte, os espanhóis da Sarita Montiel, os dramalhões mexicanos estrelados pelas rumbeiras, as comédias de Cantinflas e as chanchadas da Atlântida. Acostumado a uma educação de ótimos filmes, e de graça, no clube Puxa Faca na Usina, agora eu andava mais seletivo e pensava duas vezes antes de comprar ingresso. Mesmo porque, ainda que empregado, com meu salário de menor eu contribuía nas despesas de casa e com o que sobrava eu vivia duro. De modo que eu me contentava em apreciar os cartazes e *stills* expostos na fachada e entrada dos cinemas. Imaginava o enredo dos filmes e sentia não estar perdendo grande coisa. O primeiro filme impróprio para menores cujo porteiro me deixou passar discretamente foi *Senso* (*Sedução da carne*), de Luchino Visconti. O filme era perfeito nos mínimos detalhes, mas muito deprimente na exposição do caráter humano.

Mas voltando aos filmes de rock, os filmes do Elvis eram os mais chatos porque neles era Elvis o tempo todo, e eu não fazia parte de seu fã-clube. *Jailhouse Rock* (*Prisioneiro do rock*, no Brasil) foi o melhor deles. Não adiantava insistir, eu não conseguia me identificar com o Elvis. No meu esforço em parecer bem-comportado, tomei o Pat Boone como modelo. Quanto aos filmes de baixo cachê e produção precária, só nesses filmes a gente podia ver movendo-se na tela os astros do rock que só conhecíamos de rádio, disco e revista: Little Richard, Bill Haley, Chuck Berry, Fats Domino, Jerry Lee Lewis, Gene Vincent, Eddie Cochran, LaVern Baker, Teddy Randazzo, Carl Perkins... Todos em preto e branco. Mas daí chegou da 20th Century Fox a superprodução *The Girl Can't Help It* (*Sabes o que quero*). Colorido, em cinemascope e som estereofônico, em Ribeirão Preto o filme passou no recém-inaugurado Cine Centenário, e o som era realmente estereofônico. Dirigido por Frank Tashlin, o filme ainda hoje é absolutamente moderno, mesmo brincando com os clichês daquele período. Desde a loura bombshell da hora aos maiores nomes do rock'n'roll. O argumento é simples. O agente Tom Ewell é contratado por Edmund O'Brien, poderoso chefão da máfia dos caça-níqueis, para transformar em estrela sua namorada loura supostamente burra, ou seja, transformar Jayne Mansfield em estrela digna de acompanhá-lo no social do crime organizado. A pobre da Jayne não tem culpa de ser boazuda, de ter os peitos daquele tamanho, os cabelos platinados, o corpo escultural e cintura de pilão. No fundo é garota de família que sonha casar e ter filhos. Sua verdadeira vocação é para prendas domésticas. Mas fazer o quê, se ela depende do gângster para sobreviver? Bem, daí Tom Ewell, o agente contratado para transformá-la em celebridade do jeito que o patrão quer, faz o que pode nesse sentido. O primeiro passo é levá-la aos nightclubs onde o rock rola ao vivo. Jayne é instruída a não falar com ninguém, apenas atravessar a pista simulando uma ida ao toalete sempre que uma banda sobe ao palco para executar seu rock. Se o dono da boate deslumbrado corre a falar com ela, Jayne manda-o falar com seu agente. Essa *gag* se repete em todos os clubes. Os números musicais são sensacionais. Little Richard, Fats Domino, The Platters, Abbey Lincoln, Gene Vincent, Eddie Cochran e muitos outros. A sequência de Julie London cantando "Cry me a river" só para o Tom Ewell, de porre, é memorável. Na manhã seguinte chega Jayne para ensaiar e, boazinha que é, o ajuda a sair da ressaca. E vão para o estúdio de gravação. Mas não tem jeito, Jayne é desafinada. E boceja. E no bocejo entediado escapa-lhe um grito lancinante. Surpreso, o agente tem a brilhante ideia de inserir o grito de Jayne como efeito de sirene de polícia num disco de rock *fake*. Ao ouvir a prova o gângster vibra com o resultado. A loura estava finalmente lançada, ainda que no grito. E como o gângster é o chefão da cadeia de juke-boxes, ele ordena que o disco seja o mais tocado em suas máquinas. A coitada da Jayne já não suporta ouvir o próprio grito repetido em tudo que é lugar. Num ataque de fúria ela peita o gângster, pondo fim ao romance forçado. Nisso o agente já descobriu a vasta gama dos verdadeiros talentos da loira (inclusive na cozinha), casa com ela e logo aparecem os filhos, uma ninhada. E o filme termina com a apresentação de um rock pastiche executado com humor por Ray Anthony e sua orquestra, tendo como vocalista o próprio Edmund O'Brien, o gângster, em uniforme de presidiário. *Sabes o que quero* ficará nos anais como o melhor filme da primeira geração do rock.

26

Trabalho, escola e namoro

Trabalhar durante o dia e estudar à noite não era fácil. Ainda mais ganhando pouco e tendo que pagar a escola. Os alunos chegavam cansados e os professores mais cansados ainda. Em dois anos passei por três colégios. De todos, o Colégio Metodista foi onde me senti melhor. Não me lembro de todos os professores, mas de uma não me esqueço. Dona Hilda, professora de geografia. Moça, bonita, séria e até brava, dona Hilda não achava menor graça nos gracejos da classe. Sua aula era decorada, por isso detestava ser interrompida. Perdido o fio da meada, dava a impressão que ia se descabelar. Eu e alguns colegas notamos que dona Hilda cismara com um adjetivo, "emaranhado", e vivia repetindo-o. A Amazônia era um emaranhado. Fauna e flora se perdiam no emaranhado de rios e afluentes. O universo era um emaranhado cósmico. Andando pela sala e olhando para o teto, dona Hilda era absurdamente séria, por isso a achávamos cômica. Mas ai de algum aluno que dela risse. Dona Hilda tascava reguada. Na classe não havia ninguém com menos de dezesseis anos!

Era começo de mês, e eu tinha recebido meu salário de office boy d'A Exposição Clipper. Depois do trabalho e antes da aula passei na Agência São Paulo, onde comprei três best-sellers do período: *Bom dia, tristeza*, de Françoise Sagan, *Chocolate pela manhã*, de Pamela Moore, e *Memórias de uma moça bem-comportada*, de Simone de Beauvoir. Durante a aula de geografia, em vez de prestar atenção nos emaranhados de dona Hilda, minha atenção estava muito mais concentrada em folhear os três tesouros da moderna literatura estrangeira. Dona Hilda percebeu e foi direta e reta à minha carteira exigindo que eu lhe entregasse os livros. Nunca mais os vi. Mesmo tendo ido reclamar à diretora. Esta quis saber os títulos. Orgulhoso por mostrar-me bem informado das novidades literárias, eu os disse.

Assim que os ouviu a diretora foi categórica: exigiria que dona Hilda entregasse os livros a ela, diretora, mas que eu podia tirar o cavalo da chuva, os livros não me seriam devolvidos. Não faziam parte do currículo do colégio.

Nessa época eu namorava Dirce. O pai era advogado. Moravam em frente à loja onde eu trabalhava. Éramos enturmados com as moças da família protestante que morava nos fundos da igreja. Quando a igreja estava fechada para os fiéis, eu e Dirce íamos namorar na torre. Foi o recanto mais romântico de nosso namoro. Tivemos bons momentos, mas as afinidades não eram bastantes. Dirce não precisava trabalhar e estudava de dia. Meu dinheiro era tão escasso que só uma vez pude levá-la ao bar Acadêmico para saborearmos uma vaca-preta (sorvete de creme misturado com coca-cola e servido numa taça alta, com dois canudinhos). Entre nós havia também diferença cultural. Embora bem mais pobre que ela, meu universo literário, cinematográfico e musical era tipo enciclopédico. Dirce não via futuro nesse meu universo. Um dia ela viu no meu caderno o nome Sandra Dee. Dirce imaginou que eu a estivesse traindo.

– Quem é Sandra Dê? (assim pronunciado) – ela quis saber.

– É uma colega da classe – menti.

Desconfiada, Dirce rompeu o namoro. Também achei melhor. Não ficava bem contar à namorada que Sandra Dee (pronúncia Di) era uma estrelinha juvenil recém-lançada em Hollywood, e que eu ainda estava indeciso se me tornava (ou não) seu fã – seus filmes ainda não haviam sido exibidos em Ribeirão Preto.

27
Mudança e mudanças

Tinha que acontecer. Fui despedido d'A Exposição Clipper depois de dois anos como empregado exemplar. É que ultimamente eu andava um tanto impertinente, certamente influenciado pelos filmes, livros e reportagens sobre a rebeldia juvenil. Na loja de departamentos, ainda como responsável pela trilha sonora ambiental, eu trocara os LPs de Les Elgart e companhia por um de Bill Haley e seus Cometas. A nova trilha sonora não agradava à distinta clientela, assim como desagradava ao gerente o "interminável" LP de Chet Baker cantando. Segundo o gerente os vendedores haviam pedido para trocar de disco. Disse que dava sono e o trabalho não rendia. Troquei Chet Baker por Perez Prado e aí o ritmo das vendas melhorou um pouquinho. Mas o pior foi quando me recusei a datilografar centenas de cartas de cobrança a clientes pobres que não estavam conseguindo saldar as dívidas do crediário. Eu achava desonesto e hipócrita a loja fazer propaganda facilitando o crédito, o povo acreditando e comprando, para logo cair na real e se dar conta de que já não podia viver sem o produto mesmo não tendo dinheiro para pagar as prestações restantes. O comunismo também estava na moda, e essa moda deve ter-me influenciado, de modo que tomei as dores dos inadimplentes. Achando que eu passara das medidas, o gerente gentilmente me despediu mandando que eu voltasse no dia seguinte para receber a carteira de trabalho de menor de idade com a baixa e a respectiva indenização pelo tempo de serviço.

Cheguei em casa esperando uma reação de fim de mundo. Fui direto ao meu pai. Para minha surpresa, papai foi muito compreensivo. Disse que não tinha importância, ele logo me colocaria em outro emprego.

Dei metade da indenização para mamãe contrabalançar as despesas e com a outra metade comprei na Casa Froldi meu primeiro toca-discos, portátil. Finalmente eu tinha um aparelho que tocava as três rotações. Dinheiro para comprar disco eu não tinha, mas Ana Lúcia, a generosa gerente da Casa Froldi, permitia que eu levasse para ouvir em casa todas as novidades recém-chegadas. Eu ouvia de tudo. Mas tinha os meus preferidos. Em plena onda do rock, assim que surgiu o calypso com Harry Belafonte, minha adesão ao gênero foi instantânea. Senti que minha alma tinha muito de caribenha. Um dos meus LPs favoritos era o *Calypso is like so*, com Robert Mitchum cantando no perfeito sotaque de Trinidad e Tobago. Mitchum transmitia ritmo, malícia, humor, *feeling*, acompanhado de ótimos *calypsonians.* Muitas décadas depois, quando saiu em CD, descobri no encarte que um dos músicos que o acompanham no disco é Laurindo de Almeida, o grande violonista brasileiro!

Papai logo me arranjou outro emprego, agora num depósito de vinagre e vinho barato. Além de preencher notas fiscais eu também ajudava carregar e descarregar o caminhão. O ano era 1957. Mamãe descobriu, e vovô Fioravanti alugou uma casa recém-construída, a um quarteirão da chácara de Tia Aída nos Campos Elíseos, bairro classe média. Morando conosco, vovô Fioravanti agora podia todos os dias visitar a outra filha ou ser visitado por ela e netos. E assim estreamos a casa na Rua José de Alencar. Foi nessa época que alguém me informou que na igreja dos mórmons nas noites de sábado havia aula de inglês gratuita. Para mim era só seguir linha reta de casa até lá.

28

Mórmon

Até então minhas noites de sábado eram tediosas por eu não fazer parte de nenhuma turma e nem ter dinheiro pra gastar. Meus sábados só ganharam vida quando passei a frequentar a igreja mórmon. Achava interessante o nome da igreja – Igreja de Jesus Cristo dos Santos dos Últimos Dias. No fundo eu também tinha qualquer coisa de "santo dos Últimos Dias". Logo me senti bem no convívio com os que iam aprender inglês com os jovens missionários americanos. Os missionários eram tratados por "elder" e as missionárias por "sister".

A igreja ficava numa casa antiga. Uma escadaria de mármore levava ao terraço. A sala, tamanho razoável, fora transformada em sala de oração e pregação, e os quartos serviam de salas de reunião e estudos.

Fui primeiro às aulas de inglês aos sábados à noite. Fazia-se uma oração antes, outra no fim, mas não se falava de religião. Eram noites muito alegres. Além das aulas de inglês, aos sábados à noite a igreja também promovia festas temáticas, teatro e brincadeira dançante. Uma das missionárias americanas, sister Burke, era fanática por Elvis Presley. Nas reuniões de sábado bastava pôr disco do Elvis na vitrola para sister Burke quase entrar em transe.

Da gente que frequentava a igreja muitos ficaram na boa lembrança. As três irmãs Montefeltro e o irmão eram membros batizados. Seus nomes começavam com a letra D: Dileta, Delma, Dumara e Douglas. Dileta era um dínamo. Já as quatro irmãs Passaglia – Lourdes, Helenice, Otília e Teresinha – elas não eram membros da igreja. Católicas, de boa família e muito bonitas, moravam no alto da cidade. Estudavam e se preparavam para o futuro. Lourdes, a mais velha, lecionava inglês num colégio. Eram bem informadas e donas de uma verve crítica afiada e divertida. Era um prazer estar com elas. Teresinha, a caçula, também era fanática pelo Elvis. As irmãs Passaglia frequentavam as alegres reuniões porque sabiam que nas noites de sábado não tinha nada melhor pra fazer. Os rapazes iam para ver as moças, e as moças iam especialmente por causa dos jovens missionários americanos. Das moças, a maioria era jovem, mas havia também as solteironas independentes e prestimosas. Diva Raimundo era secretária num escritório; Olga Barcarollo era governanta experiente e de uma beleza que dava a impressão de que os anos trabalhavam a seu favor; Mirtes, mais rica, herdeira da Casa das Tintas. Das muito jovens, a carioca Mara de Souza, que estudava em Ribeirão. No Rio, sua mãe, a atriz Darcy de Souza, era quem lia, com voz de professora apaixonada, as cartas que as fãs endereçavam a Elvis Presley no programa *Hoje é dia de rock*, de Jair de Taumaturgo, na Rádio Mayrink Veiga. Dos rapazes, dois – Alcyr Costa e José Perez – cursavam o primeiro ano de Medicina. Havia outros. O Zé Drudi, firmando-se como alfaiate, membro da igreja e namorado de Zenaide. A dupla era alta e muito magra, excelentes dançarinos. Décadas depois, já há muito tempo casados, Zenaide e Zé Drudi venceriam disputa de dança no programa *Festa Baile*, comandado por Agnaldo Rayol e Branca Ribeiro, na TV Cultura.

Os missionários americanos, sempre em dupla, vestindo terno de tweed mesmo no calor escaldante da região, montados em suas bicicletas iam pregar de porta em porta, desde que as portas se abrissem para eles. Dos bairros mais ricos aos não exageradamente pobres. E pregando o evangelho mórmon pelos quatro cantos da cidade era natural que acabassem batendo em alguma porta na zona. Sim, foi o que todos deduziram quando apareceu, sozinha, uma loura alta, não tão jovem, mas bastante estilosa. Cabelos platinados, um rosto sério (porque, afinal, estava pondo os pés numa igreja), vestida com roupas próprias para o lugar, mesmo assim, depois de nos ter sido apresentada pelos dois missionários que a estavam catequizando, ficamos sem saber como chegar a ela. Sua *aura* nos intimidava. Com o tempo – porque ela continuou frequentando – acabamos matando a curiosidade e fomos, um grupo de rapazes, assisti-la cantar na madrugada em uma casa na zona. De sua performance não detectamos nada que pudesse denegri-la.

Tinha classe e era verdadeiramente profissional. Acompanhada por um trio, saía-se muito bem no papel de vocalista. Seu repertório era composto de canções de amores mal resolvidos e dor de cotovelo, músicas de agrado dos frequentadores da zona. Se a alguns de nós ela dava a impressão de que até poderia mudar de vida e cantar hinos na igreja, a outros fazia questão de deixar patente que não mudaria o platinado do cabelo. Sua personalidade era forte.

Das moças da igreja eu não poderia deixar de citar Hilda. Não que ela frequentasse as noites de sábado – era muito séria para isso. Hilda se fazia presente nas reuniões sacramentais de domingo. No Colégio Metodista, onde eu estudava, ela era dona Hilda, professora de Geografia, mas na igreja, batizada e ativa na pregação, era irmã Hilda. Suas pregações no púlpito dominical eram vistas, por observadores mais irônicos, como performances inconscientemente teatrais, num gênero que começava a dar notícia: o teatro do absurdo. Assim como nas aulas de geografia no Colégio Metodista, também na igreja mórmon Hilda empregava, amiúde, o adjetivo "emaranhado". Para ela, por exemplo, a Bíblia era um emaranhado de palavras em contextos por vezes contraditórios e ininteligíveis. E isso ela pregava com uma convicção que não admitia interrupção. Mesmo porque, ao contrário da sala de aula, como dona Hilda, constantemente interrompida por alunos impertinentes, na igreja, como Irmã Hilda, ia de fio a pavio sem ser interrompida. Alcyr, amizade daquele tempo, lembra de uma reunião sacramental em que Hilda, apelando para Nicolau Copérnico, provou que Deus não existia.

E aos poucos eu ia sendo iniciado. No começo relutava em acreditar na aparição do anjo Moroni ao jovem Joseph Smith, que sozinho orava num bosque quando o anjo surgiu e apontou-lhe o lugar onde as placas do Livro de Mórmon estavam enterradas, placas que dariam origem à religião. Mas quando ouvi a história de Brigham Young, o líder mórmon que conduziu os sofridos mas imbatíveis peregrinos até o deserto do lago salgado em Utah e ali fez brotar a vida e assentar a igreja, passei a entender essa religião como a realização da utopia socialista. Quando algum conhecido, acostumado a repetir bordão, ficava sabendo de minha iniciação, alegando que mórmon era polígamo, os homens tinham várias mulheres, isso me fez ir tirar a dúvida com elder Beckstron. O missionário disse que isso aconteceu no começo do mormonismo, com uma ramificação da igreja que lera na Bíblia algo a respeito de poligamia como meio de fazer crescer a prole. Na religião mórmon, que também seguia a Bíblia, a poligamia foi usada no começo para gerar mais filhos e fazer a igreja crescer demograficamente. Depois, a onda polígama passou, embora ainda se tivesse notícia de haver nos Estados Unidos alguma ramificação que continuava nessa. Afastada da igreja, a ramificação continuava mórmon a seu modo, fiel aos princípios considerados mais importantes. Mesmo no meu caso, ser mórmon era um estado de espírito. Nasci num lar católico não fanático. Mamãe não era de ir à missa, mas todos os dias tinha sua hora de reza, o que fazia com fé inabalável. Papai era agnóstico. Eu, nessa fase dos meus dezoito anos, o lugar onde me sentia mais em casa longe de casa era na igreja mórmon, de resto tão cristã quanto as outras, desde o nome, Igreja de Jesus Cristo dos Santos dos Últimos Dias, e até mais rigorosa nos princípios cristãos. Disso eu gostava. Impunha freios, mas com alegria de viver na fé, apontando para o lado, digamos, mais saudável da vida. Não era aconselhável, por exemplo, fumar (cigarro continha nicotina), beber café (cafeína), Coca-Cola (cola e cocaína) e álcool de espécie alguma. Fumar eu não fumava, café eu tomava, acostumado ao café com leite matinal. Para o resto eu nem ligava e assim, quando os missionários acharam que estava na hora de eu ser batizado, não me fiz de rogado.

Ninguém em casa dramatizou quando eu disse que ia ser batizado. Mamãe, que no começo ficou desolada, não demorou a perceber que desde que eu passara a frequentar os mórmons eu parecia mais ajuizado. Os missionários americanos apareciam em casa e não tinha porque não vê-los como bons rapazes. Por respeito à sua idade o único que não foi avisado de minha adesão ao mormonismo foi vovô Fioravanti.

O batismo, por imersão, foi no lago da Faculdade de Medicina. Os dois missionários vestiam branco e eu também. Um missionário tapou com jeito minhas narinas e com a outra mão imergiu minha cabeça enquanto o outro missionário dizia a oração batismal. Presentes na cerimônia apenas alguns membros da igreja. Ninguém de casa foi. Tornava-me mórmon sem deixar de ser católico. Afinal, era batizado em ambas. E a ambas continuaria fiel. Ao meu modo jamais seria um apóstata.

29

Soldado raso

O alistamento era obrigatório, e depois de examinado fui convocado a prestar o serviço militar. Tiro de guerra. O quartel general ficava a uns dez quarteirões de casa. Acordava antes do sol, tomava uma ducha fria, vestia a farda, calçava o coturno, tomava rapidamente o café com leite engolindo junto o pão com manteiga, escovava os dentes, punha o boné militar e ainda no escuro saía a passos rápidos a caminho do quartel. No batalhão, pela altura, fui dos três que vinham na frente. Batendo forte um calcanhar no outro com simultânea continência, o sargento Itamar era caxias, eu padecia sob seu apito estridente a mim dirigido. Era como se minha inteligência se recusasse àquele ridículo. Na desmontagem e remontagem do fuzil sobrava tanta peça que eu disfarçadamente as jogava fora. E já que eu era uma negação no tiro ao alvo, o sargento me punha na trincheira segurando o alvo, baixando-o quando algum soldado acertava. Uma vez, como castigo, tive que carregar uma mochila cheia de pedras em uma marcha de 37 quilômetros. Na volta ainda tive que esfregar o chão do quartel. E se o cabelo *reco* estivesse um pouco passado do dia do corte e o coturno sem graxa e lustro, o castigo era semelhante. Mas consegui chegar ao término, jurar bandeira, cantar o Hino Nacional e receber o certificado de segunda categoria.

No dia 15 de novembro de 1958, o Juramento à Bandeira foi uma exibição pública em frente ao Teatro Pedro II, na Praça 15 de Novembro. Vários batalhões, cada um com seu sargento. No meu batalhão o sargento Itamar, mais que nunca empertigado, fazia questão de dar seu show de comando. Continência e botas batendo tinha que ser alto e bom som. Eu me sentia o mais feliz dos soldados rasos. Escolhi para madrinha Leniza Bianchi, linda e rica, prima em terceiro grau. E quem nos fotografou foi elder Hibbert, que se tornara grande amigo desde que chegara na cidade para o trabalho missionário. Tão amigo que me fez corresponder com sua irmã, que pilotava avião na fazenda da família no Arizona.

Elder Hibbert era três ou quatro anos mais velho que eu. Era comum entre os jovens mórmons na faixa dos vinte anos suspender o ensino na faculdade ou deixar o emprego temporariamente para, já elder no sacerdócio, cumprir missão de um ano em algum país fora dos Estados Unidos. Elder Hibbert estudava arquitetura quando enviado em missão ao Brasil. Era um jovem culto e genuinamente interessado em arquitetura. Conversando com meu pai este lhe revelou nosso parentesco nem tão distante com Oscar Niemeyer (embora não o conhecêssemos pessoalmente). Papai até lhe mostrou a árvore genealógica dos Niemeyer, onde um ramo dava no arquiteto e outro no meu pai. Brasília estava em construção. As conversas de Hibbert com papai contribuíram para que nossa amizade continuasse através de cartas, quando ele foi transferido para outro lugar. Já no século XXI, minha irmã, Mané, fazendo uma seleção na papelada antiga em sua casa encontrou uma carta de elder Hibbert pra mim. Datada de 26 de julho de 1959, tornou-se a carta mais antiga da minha coleção epistolar. Em seu tom fraterno e brincalhão ele começa por me chamar Castor (a palavra Beaver, castor em inglês, soa parecido com Bivar) e Lima (meu sobrenome paterno). Seu português na carta é o aprendido em um ano no Brasil:

"Dear Castor Flor da Idade Lima, enquanto estava sentado no banco hoje na Escola Dominical me entregaram sua última carta. Sendo que você foi tão rápido na resposta, vou tomá-lo como exemplo e escrever agora. Acabei de preparar um discursinho de dez minutos para hoje à noite no Ramo do Centro. É sobre um programa especial e pediram que eu e meu companheiro falássemos. Elder Hartsfield voltou ontem de Iguaçu (Quedas de). Foi lá com os élderes Mickel e Sherley. Divertiram-se bastante até que elder E., o qual tem só duas semanas para terminar a missão, está completamente incapaz de continuar no seu cargo de missionário. Só pensa em voltar e namorar. Fiquei contente de saber que você logo vem para cá. Quando? Tem acontecido tanta coisa e precisamos conversar sobre tudo. Não são muito interessantes as notícias daqui da Casa da Missão. Uma porção de gente vai embora em agosto e todo mundo tenta adivinhar os novos conselheiros, presidentes dos ramos, distritos etc. Eu vou ficar no lugar do elder Hartsfield como redator de *A Liahona* e estou satisfeito. Francamente, estou cansadíssimo do trabalho no campo e, ao contrário dos outros missionários, gosto do trabalho da Casa da Missão. Meu primeiro número de *A Liahona* sairá em novembro."

E mais adiante:

"Pelos seus pensamentos no assunto felicidade parece que você virou filósofo. É bom. Eu atualmente estou estudando Hegel e Santayana, interessado principalmente em suas teorias de arte. Quando eu ficar bem conhecido como arquiteto e escritor vou escrever minha própria filosofia da arte, a qual está se formando agora, aliás desde os dezessete anos. Há muitas coisas que tenho para dizer e a única maneira é a tradicional: escrever. Não fique desanimado, mas se eu escrever romance primeiramente será de tema mórmon e provavelmente de experiências missionárias. Como a maioria, escrevo melhor sobre o que conheço. E também porque eu creio que o mundo da literatura está cansado de obras negativas e reformadoras, que é do que consiste a literatura dos últimos trinta anos. Se eu conseguir escrever o que quero (isto é, coisa positiva – toda grande arte é positiva) sei que fará sucesso. Meu autor predileto é Dostoiévski. Não aguento Hemingway e nem os que o imitam. Espero ansiosamente sua próxima carta e especialmente sua visita. Tchau bacalhau, ou melhor, sardinha, J."

Não deu para ir visitá-lo em São Paulo. John Devere Hibbert terminou a missão e voltou ao Arizona, a fazenda paterna, para namorar e continuar a faculdade de arquitetura.

Nesse meu tempo de mórmon de vez em quando era escalado a falar no púlpito. O discurso era sempre baseado na Bíblia ou no Livro de Mórmon. Para minha pregação de estreia fui socorrido por elder Mickel, que sugeriu como base o Eclesiastes, do Velho Testamento, que, segundo ele, tinha muito a ver comigo. De fato, o Eclesiastes é curto, bastante claro e ainda hoje, de toda a Bíblia, é o meu livro favorito. E preparei meu primeiro discursinho todo ele com citações do Eclesiastes: "Nada de novo debaixo do sol. Vaidade das vaidades, é tudo vaidade. Aquilo que é torto não se pode endireitar. Melhor que uns e outros é aquele que ainda não é. Melhor é serem dois do que um, porque se um cair, o outro levanta seu companheiro".

Empurrado vida afora acabei me afastando da igreja. Ainda assim mantive-me sempre fiel ao espírito positivo de meus (três) anos como mórmon ativo. Foi uma das melhores escolas, de tantas outras boas escolas práticas da vida. Muitas décadas depois, guiado pela nostalgia dos hinos e querendo ouvi-los novamente, voltei à igreja. A primeira vez foi em 2009, quando avistei a igreja em sua bela arquitetura racional ao lado do Victoria & Albert Museum, na Exhibition Road em South Kensington, Londres. A segunda vez foi em 2011, no Morumbi, em São Paulo. Cheguei, ninguém me conhecia, mas logo fui alegremente recebido por um membro jovem que me chamou de "irmão". Ele se apresentou. Seu nome era Moroni, como o anjo. Apresentado aos outros membros, de imediato percebi que o humor mórmon não mudara, e logo me senti em casa. Os hinos continuavam os mesmos e entre eles os meus favoritos. Passei a frequentar as reuniões dominicais. Irmão Camargo, membro dos mais antigos, aposentado e com tempo livre para pesquisas, um dia me trouxe o xerox de uma página de *A Liahona*, a revista da igreja, de novembro de 1958, com meu nome incluído entre os recém-ordenados. Irmão Camargo continuou, via internet, a pesquisar meu nome nos arquivos da igreja em Utah e me trouxe impressa a página: fui batizado em 27 de outubro de 1957, ordenado diácono em março de 1958 e sacerdote em 18 de junho de 1959! Sempre em Ribeirão Preto. De modo que se alguém duvidar de eu ter sido sacerdote mórmon é só consultar via Google o arquivo da igreja em Salt Lake City. Se eu não tivesse me afastado, logo teria sido ordenado elder, o grau depois de sacerdote. E com certeza seria escalado missionário. Muitas vezes me perguntei se este não teria sido o melhor caminho.

Pedi ao irmão Camargo que ele me localizasse elder Hibbert, pois senti vontade de contatá-lo – e até visitá-lo nos Estados Unidos, depois de mais de cinquenta anos sem notícias dele. De Salt Lake City veio a resposta: "John Devere Hibbert, nascido em 1935 e falecido em 1985, está sepultado no cemitério mórmon em Mesa, Arizona". A notícia me fez triste e pensativo. E desejei que lá onde elder Hibbert bem estivesse entrasse em contato *telepático* comigo, para continuarmos nossos assuntos, sobre o que fizemos de nossas vidas e se valeu a pena.

30
A FÚRIA DE VOVÔ FIORAVANTI

Era costume membros da igreja convidarem os jovens missionários americanos (longe de suas famílias) para almoço em casa, especialmente nos domingos depois da Escola Dominical. Mamãe tinha prazer em preparar o almoço. Almoçávamos, os de casa e os dois missionários, em torno da mesa da copa. Quem não gostava nada dessas visitas era vovô Fioravanti. Isso porque antes da chegada dos missionários para almoçar eu pedia à mamãe que não pusesse o vinho de vovô na mesa, que a minha (nova) religião não permitia bebida alcoólica. A primeira vez vovô fez como que não sentisse falta, mas depois da segunda – e os dois missionários em suas bicicletas já tendo se despedido – disse, bravo, dando um murro na mesa, que se aqueles *protestantes* continuassem vindo almoçar em casa inibindo-o de tomar seu copo de vinho, ele mudava para a casa da tia Aída, mesmo que lá fossem todos espíritas e tio Ângelo comunista. Lá, com certeza, ninguém o proibiria de tomar seu sagrado copo de vinho no almoço de domingo.

A essa altura Leopoldo trabalhava como vendedor dos eletrodomésticos Arno pelas cidades da redondeza. Passando por Santa Rita do Passa Quatro (terra de Zequinha de Abreu, o autor de "Tico-Tico no Fubá"), Leopoldo conheceu Cleusa, de dezessete anos, por quem se apaixonou. Casaram e em tempo galopante tornaram-se pais de cinco. Minhas irmãs menores, Mané, com dezessete anos, trabalhava de dia num escritório e estudava à noite; Heloísa, com treze anos, só estudava. Assim que terminei o serviço militar, papai, acreditando que meus meses como almoxarife na Fazenda Aparecida há quatro anos haviam servido de treino, tratou de me arranjar emprego no almoxarifado da Cervejaria Antarctica. A fábrica de cerveja, refrigerantes e outras bebidas ocupava uma vasta área industrial à entrada do bairro Vila Tibério. Depois do tempo de experiência fui admitido e registrado em carteira como "trabalhador braçal". Nossa casa ficava relativamente distante do emprego. Comprei uma bicicleta a prestações. Na entrada da Antarctica causava impressão aquelas centenas de bicicletas emparelhadas enquanto os operários davam duro nos vários setores da fábrica. Comecei em setembro de 1958 e saí por livre vontade em 28 de fevereiro de 1960. Picava o cartão quatro vezes ao dia. No almoxarifado éramos três funcionários. O chefe, seu Taranto, sempre alegre e cantarolante, com sua voz aveludada de barítono amador, fazia do trabalho uma pequena compensação. Seu bigode, as pontas viradas pro alto, dava-lhe pinta de personagem de comédia italiana. Davi e eu éramos os subalternos. Davi era inteligente e bom colega. O ambiente de trabalho no almoxarifado era intoxicante, por conta do cheiro impregnado dos grandes sacos de lúpulo, cevada, levedo, malte e outros ingredientes para o fabrico da cerveja e das outras bebidas. Mesmo com o alto astral do chefe e do colega, o trabalho era ao mesmo tempo exaustivo e entediante. Passar o dia tirando nota fiscal de saída de material e carregando no ombro do estoque ao balcão os grandes sacos de produtos brutos destinados às bebidas não era nada agradável. Quando podia dava uma fugida à privada onde, sentado no vaso, (àquela altura) lia Rimbaud, cuja poesia me era mais difícil de entender que o motivo de eu estar ali na Antarctica. Mas dava para entender porque o poeta abandonara a poesia para se aventurar na África. Eu também sentia vontade de largar tudo e ir embora.

31

Férias cariocas

Depois de um ano como trabalhador braçal na Antarctica, pedi férias, comprei uma passagem aérea da VASP e (aos vinte anos) fui conhecer o mar. O país inteiro fervilhava. JK presidia. Brasília em um ano seria inaugurada. Em São Paulo a indústria automotora explodia, e Jânio Quadros em sua vassoura era um bruxo moderno. De modo que fui passar férias no Rio, que vivia seu último ano como capital federal. Iza, minha irmã, meu cunhado Agnaldo e meu sobrinho Luiz Eduardo (agora um adorável menino de cinco anos) moravam em Ipanema, Rua Joana Angélica, a dois quarteirões da praia. Ipanema nessa época era um bairro encantador. O gabarito na orla era respeitado – os prédios não passavam de quatro andares. A bossa nova tinha pouco mais de um ano. Minha irmã, feliz com a minha primeira visita ao Rio, levava-me a passeio em tudo que era cartão-postal da cidade. Assim que eu voltava da praia, tomava banho, almoçava e saíamos. Um dia, a meu pedido, fomos ao teatro em uma matinê de quinta-feira. Até então eu havia assistido a algumas boas produções teatrais paulistanas que se apresentaram em Ribeirão Preto. Era teatro de alto nível, mas as peças eram muito sérias! Uma delas só falava de dinheiro e a outra era passada no inferno existencial. Mas agora no Rio, na matinê assistindo Dulcina em *Tia Mame*, tive uma revelação: aquilo é que era magia teatral. Eu nunca tinha visto, nem no cinema, intérprete tão genuinamente caricatural como Dulcina. Os esgares, a boca, a elocução, o alongamento nas vogais e consoantes, a miopia, a postura cênica, a excentricidade natural, Dulcina era genial, e como "Tia Mame", perfeita. Ainda no primeiro ato tive a certeza de que o teatro era o rumo que eu devia tomar. Isso captei no ato assistindo Dulcina e o elenco afinado. Desse elenco, Thelma Reston, a cantora Marlene e Thaís Portinho futuramente atuariam em peças de minha autoria.

32

A DIFÍCIL VIDA FÁCIL

Pedi demissão na Antarctica e voltei para o Rio. Morava no apartamento de minha irmã, em Ipanema. Agnaldo, meu cunhado, me trazia em rédeas curtas. Não me deu a chave, ficando explícito que eu devia chegar antes das dez, quando era fechada a porta do prédio de três andares. Nessa época ainda havia lotação, um micro-ônibus que só levava passageiros sentados. Por causa do trânsito eu tomava bem cedo o lotação que ia da Praça Nossa Senhora da Paz ao Castelo, no centro. Não muito longe, na Rua Senador Vergueiro, ficava a loja de departamentos Cássio Muniz, onde me empreguei. Trabalhava no crediário, no andar superior da loja. Oito horas diárias, uma hora de almoço, meio período no sábado e descanso no domingo. Logo descobri o Calabouço, o restaurante estudantil perto do aeroporto onde por quase nada se almoçava no bandejão arroz, feijão e mistura, refresco aguado e uma lasca de doce ou uma banana de sobremesa. Ali se fazia amizade com estudantes pobres vindos de todo o Brasil. E assim, enfurnado no escritório e almoçando no Calabouço, nos minutos que sobravam do horário de almoço eu percorria as livrarias, perambulava pela Cinelândia dos cartazes de filmes e fachadas de teatros e terminava na calçada frente à loja O Rei da Voz para ouvir em alta-fidelidade o estridente Miltinho no suingue perfeito do sambalanço da hora. Confesso que gostava. Aos sábados, encerrada a função de meio expediente, tomava o lotação de volta a Ipanema, vestia o calção e corria à praia. Na pedra do Arpoador uma turma logo me acolheu. Nessa turma conheci Luiz Carlos Góes. Aos quinze anos era o mais novo da turma. Um gênio. O ano era 1960 e Luiz Carlos foi meu primeiro amigo no Rio, e nossa amizade foi muito produtiva em termos de ideias, sonhos e projetos. E não tínhamos pressa, certos de que nossa hora chegaria. Em 1976 Luiz Carlos estreou como dramaturgo em peça estrelada por Marília Pera. Depois foi parceiro de Eduardo Dusek com letras irreverentes em músicas de sucesso. Foi autor de textos para o humorístico

Chico Anysio Show, da Rede Globo. Em 2011 foi também coautor de *Aquele beijo*, novela de Miguel Falabella. E muito mais, mas nada disso alardeado. Se como artista evita exposição preferindo o *low profile*, na obra e no convívio sua genialidade continua tinindo. Em 2013 lançou o primeiro livro, *Teatro nervoso*, de textos curtos, com *le tout Rio* na noite de autógrafos no Teatro dos Quatro, na Gávea.

Em 1960, assim que cheguei no Rio, matriculei-me na Fundação Brasileira de Teatro, que ficava a um quarteirão do meu trabalho. As aulas eram noturnas. A escola fundada por Dulcina ocupava o andar acima do teatro que levava seu nome. Era um prazer assistir Dulcina ensinar a representar. Não esqueço sua articulação exagerada segurando o rosto perplexo do jovem Ronaldo Daniel (dois anos mais adiantado que eu e concluindo o curso) após um exercício de *Romeu e Julieta*: "Que talento!", exacerbou Dulcina. Ronaldo ficou vermelho feito tomate. Formado na escola de Dulcina ele logo seria lançado pelo Teatro Oficina, em São Paulo. Décadas depois seria diretor na Royal Shakespeare Company, na Inglaterra, com o nome de Ron Daniels. Depois, ainda, diretor na Broadway e convidado a dirigir Shakespeare pelo mundo.

Outra que futuramente se firmaria como uma das grandes atrizes brasileiras e que estudava na escola de Dulcina nessa época era Irene Ravache. Era mais nova que eu, mas já no segundo ano. Aos dezoito anos Irene era séria, reservada, concentrada. E linda. Sua beleza chamava atenção, mas Irene, comedida, não a ostentava.

O Rio, a escola de teatro, a efervescência cultural, eu sabia que ali era meu lugar. Ainda assim sentia-me cutucado a resolver algo importante que havia deixado pendente em Ribeirão Preto. E uma triste notícia: vovô Fioravanti falecera aos noventa anos. A notícia me fez pensar em quão triste deviam estar não só o pessoal lá de casa, mas seus outros nove filhos, netos, bisnetos e a parentada toda. A vida em nosso pequeno grande mundo perdia um personagem único. Vovô Fioravanti cumprira sua missão e partira ao encontro de vovó Eliza e de outros que já estavam lá em cima. Quanto a mim, se continuasse no Rio não teria como resolver o que de mim era cobrado: voltar a Ribeirão Preto para concluir o ginasial e depois, aí sim, retornar ao Rio de Janeiro e continuar com o teatro.

33

Assim estava escrito

Dessa vez foram quase dois anos e meio em Ribeirão Preto. E sempre no esquema de trabalhar durante o dia e estudar à noite. Papai, achando que eu (ainda) gostava de cinema, arranjou-me emprego no escritório da Metro-Goldwyn-Mayer, que tinha sua sede de distribuição de filmes para toda a região e parte de Minas e Goiás. Ribeirão Preto era o centro das distribuidoras dos filmes norte-americanos, europeus e até nacionais e mexicanos. As distribuidoras ficavam todas avizinhadas numa área central. A Metro, a Fox, a Warner, a Columbia, a Universal, a United Artists e as outras. Nos quintais das distribuidoras ficavam os cômodos que serviam de depósito dos enlatados e a oficina onde moças trabalhavam repassando os filmes em manivelas e colando as partes do celuloide que voltavam cortadas ou danificadas de suas exibições pelos cinemas interioranos. No escritório éramos três. O gerente, Delly e eu. O gerente recebia pessoalmente os pagamentos dos exibidores, enquanto Delly e eu registrávamos não só as saídas e retornos de filmes, mas também cuidávamos do livro-caixa, além de preencher notas fiscais etc. Se até o final do expediente de sábado ao meio-dia as contas não batessem, ficávamos presos, Delly e eu, conferindo e refazendo a contagem até altas horas de sábado, tendo que voltar cedo no domingo, perdendo assim todo o fim de semana. Até o último centavo bater com o outro. Era um regime de terror. O gerente, um senhor alto, de óculos, bigodudo e com mau hálito, era um sádico. Enquanto Delly e eu fundíamos a cuca atrás de onde erráramos durante a semana, o gerente ficava na esquina d'A Única jogando conversa fora com outros chefões da máfia da distribuição cinematográfica do pedaço.

Dava pena de a pobre Delly, jovem, noiva, em vez de estar noivando no fim de semana ficar presa ali no livro-caixa dos filmes da MGM. De feições delicadas, Delly parecia a Millie Perkins do filme

O diário de Anne Frank, que era da Fox. Na Fox trabalhava José Francisco, meu colega de classe no Colégio Metodista. Segundo José Francisco, o gerente da Fox não era tirano como o da Metro. Se o livro-caixa, por conta de alguns cruzeiros, não batesse até sábado ao meio-dia, nem por isso ele sacrificava o fim de semana dos funcionários.

Esse emprego tinha ao menos três vantagens: 1) por sermos do ramo não pagávamos ingresso, fosse o filme de que distribuidora fosse; 2) de vez em quando o gerente me escalava para viajar em fim de semana. De terno, gravata e no bolso, discretamente, uma pequena máquina que eu clicava marcando um por um o público que entrava e depois, bilheteria encerrada, conferia o meu número com o número do borderô. Distraído que era, às vezes esquecia de clicar e quando lembrava clicava um monte. Quando o gerente do cinema e o bilheteiro me chamavam para conferir o borderô, eu olhava por cima e dizia que estava certo. Mas essas viagens só aconteciam quando era exibido algum *blockbuster* da companhia. No caso, setenta por cento da renda bruta ia para a Metro e só trinta por cento para o exibidor. "Arrocho do imperialismo americano", os exibidores reclamavam. E lá ia eu de trem ou ônibus para a cidade onde o *blockbuster* ia ser exibido no fim de semana. A ajuda de custo – passagem, hotel e refeições – era indigna do cachê do último dos figurantes desses filmes. Daí, longa viagem, uma vez tomei o trem e fui fiscalizar *Ben Hur* em Araguari, no Triângulo Mineiro. Sol de rachar, até a hora de ir para o cinema fiscalizar eu matei o tempo num banco da praça lendo *Os frutos da terra*, de André Gide, tradução de Sérgio Milliet. Em vez de se dirigir ao Natanael, parecia que Gide se dirigia a mim. Ali mesmo na praça projetei a esperança de um dia degustar os tais frutos da terra. Gide passava a mensagem que mesmo vivendo mil anos ainda assim a vida seria curta para o tanto de frutos que a terra oferecia; 3) a terceira vantagem de trabalhar na Metro eram, vindos da Matriz, cartazes, *stills* (fotos), releases e a nova safra de enlatados. Daí que minha curiosidade tiniu quando chegou o pacote com tudo do primeiro filme feito a partir de um romance de Jack Kerouac, *The Subterraneans* (*Os subterrâneos da noite*). Os aficionados já tinham notícia de que Kerouac não combinava com filme da Metro e que o universo *beat* no filme saiu pasteurizado. *So what?* No Brasil eram mínimas as informações sobre os beats, de modo que mesmo pasteurizado pela MGM o filme dava para o gasto. George Peppard estava correto no papel (até escrevi para ele e ele respondeu) e só a ponta de Carmen Phillips valia o filme: "Estranho, pague-me um drinque" – ela ordenava a Peppard no balcão do bar. Peppard de bom grado pagava o drinque e se mandava.

Nessa volta a Ribeirão Preto também me liguei a um grupo de jovens poetas. Achando que podia tirar de letra os versos livres, não só os escrevia como enviava alguns à revista *Leitura*, do Rio de Janeiro, que chegava na Agência São Paulo. Um poema meu até foi publicado na revista, com nota crítica elogiosa do poeta Homero Homem com um único senão: eu não devia usar francês. Dava a impressão de pedantice. O poema, intitulado *Inferno*, era assim – ainda me lembro:

Meu redor é báratro
E nele me sufoco.
As chamas me queimam sem arder:
São chamas frias.
Sou prisioneiro
Dentro a só parede cônica
De meu corpo
E a voz que grita em mim é muda.
Olho que olho e nada enxergo
Que valha a pena.
Hélas! Je suis fatigué.

Daí, trocando ideias com meus colegas poetas, conseguimos, por uma semana, um galpão na Praça 15 onde uma casa velha fora posta abaixo para dar lugar a um edifício alto. Com pincel atômico escrevemos nossos poemas em várias cartolinas e os pregamos nas quatro paredes de madeira compensada do galpão. A noite de abertura foi um sucesso. Por ser ao lado da choperia Pinguim, a maioria dos que passavam pelo galpão já chegava mais sensibilizada à poesia. Mas a glória maior foi a aparição de Florianete Guimarães. Florianete era lenda viva na cidade. Era professora de português de várias gerações no clássico e no científico no Colégio Otoniel Mota, o mais rígido na seleção de alunos. Morena, presençuda, cabeleira basta, Florianete era uma estrela no seu direito. Sem que a esperássemos, ela chegou, muito própria e segura de si. Severa, mas bem-humorada, num tom professoral judicioso foi logo avisando:

– Vim apreciar ou depreciar.

Nós, os jovens poetas, nos sentimos ao mesmo tempo congelados e com o sangue fervendo enquanto Florianete lia, um por um, todos os poemas pregados nas paredes. À saída, depois de um rápido elogio geral, só fez uma crítica. Exatamente sobre um poema meu. Tal palavra eu escrevera com dois esses quando o certo era cedilha. Reagi como se ela me tivesse dado nota 8. Eu, que não tivera o privilégio de ser seu aluno, considerava um 8 de Florianete pra lá de bom.

Imbuído do senso autopromocional e generoso também em promover os outros, enviei uma foto do grupo de jovens poetas e um pequeno texto à revista *Manchete*, que o publicou, com o título "Beatniks de Ribeirão Preto" e uma tirada de sarro, dizendo que estávamos no lugar errado, que nosso lugar era Nova York.

Através de Alcyr conheci Carmen Monteiro, a mais não conformista das garotas da cidade. Um ano mais nova que eu, Carmen já era mãe e desquitada, o que naquele tempo e numa cidade como a nossa provocava comentários cruéis. Carmen recém abandonara os estudos na Escola de Belas-Artes local porque, depois de algumas aulas teóricas e práticas com o mestre Bassano Vaccarini, ela achou que não precisava mais e passou a pincelar telas a torto e a direito com abstratos no estilo *action painting* de Jackson Pollock (pintor de quem tinha notícia). Carmen gostava de afrontar a sociedade provinciana. Seu visual era existencialista beatnik. Só vestia preto, exceto a echarpe furta-cor jogada com displicência no pescoço. O cabelo era mais curto que o de Jean Seberg em *Bonjour Tristesse*. Tirando tudo e lavada a cara passaria por moça comum. Mas fumava charuto só porque não ficava bem moça fumar charuto. Por tratar-se de pose, Carmen fumava, tossia e cuspia. Única a seu modo, era ao mesmo tempo provocativa e adorável. Com ela perderia a virgindade, anos depois em São Paulo, no apartamento que ela dividia com uma atriz e uma cantora. A atriz estava no TBC e a cantora no João Sebastião Bar. Na cama deitados só eu e Carmen lendo *Pela estrada afora* (a tradução portuguesa de *On The Road*). Foi tão espontâneo que no dia seguinte, no apartamento de Alcyr, para mostrar como era fácil, repetimos o ato assistidos pelos outros, que constataram ser de fato fácil e sem a *encanação* a que todos estavam tolhidos. Alcyr, médico recém-formado, era residente na Santa Casa. Cerca de uma década depois, durante a ditadura militar, ativa na luta armada, Carmen seria uma das melhores assaltantes de banco, fazendo parte do grupo de Lamarca. Logo sua foto (com apelidos e codinomes) aparecia nos cartazes de PROCURA-SE espalhados pelos lugares públicos e jornais. Carmen conseguiu fugir do Brasil e sumiu de vista. Tempos depois tivemos notícia (por José Celso, do Teatro Oficina) de sua morte misteriosa numa estrada entre Estocolmo e Paris.

Ainda em Ribeirão, cursando o último ano de Medicina, Alcyr ganhou um tanto de maconha que um professor distribuiu aos alunos para que fumassem e voltassem à aula contando a experiência. Alcyr nos chamou para fumar com ele. Era noite, o povo recolhido, avenida meio vazia, nós, que nem cigarro convencional fumávamos, tentamos, como maconheiros de primeira viagem, enrolar o baseado numa seda do caderno de desenho de José Francisco. A maconha caía, a gente catava e finalmente conseguimos um baseado frouxo, o qual fumamos. Claro que fez efeito. Mas não o efeito esperado. Rimos às bandeiras despregadas e só. Foi minha primeira vez.

Nisso, os estudos. Era o último ano daquela etapa. Afinal, estava para fazer 23 anos. O entrave, como sempre, era matemática. Dessa vez não podia bobear. Precisava de um 9. No exame sentei de quina com o melhor aluno da classe nessa matéria. Tudo que ele escrevia eu copiava. Tirei 9,5 e ele 9! Nunca entendi aquilo. Só sei que finalmente passei. Raspando, mas passei. E assim, concluído o básico, eu estava pronto para voltar ao Rio de Janeiro no ano seguinte e prestar o vestibular para o Conservatório Nacional de Teatro, que fazia parte da Universidade do Brasil, portanto uma escola federal.

34

A DESPEDIDA E DEPOIS

O mais difícil foi a despedida da família. Estava claro que eu sempre voltaria, mas pelo tanto que mamãe chorou parecia despedida pra valer. De volta ao Rio cheguei tarde para o vestibular. Agnaldo, meu cunhado, através de seus conhecimentos em Ipanema, arranjou-me uma moradia independente, uma mansarda (ou água-furtada) num antigo prédio de três andares na Rua Barão da Torre, 108. Ficava exatamente de frente para o número 107, que era o sobrado de Antonio Carlos Jobim e família. Coincidentemente, o número 107 era o mesmo número do edifício de sua morada anterior, na Rua Nascimento Silva. Ali na Barão da Torre o sobrado de Tom e a minha água-furtada distavam menos de cem metros da subida da favela do Cantagalo, na Rua Teixeira de Melo, onde bem na esquina, de fundos para a favela, ficava a cobertura do cronista Rubem Braga. Naquele tempo ainda não se tinha notícia de bala perdida.

Em Ipanema fazia parte do trivial cruzar com seus habitantes famosos nas calçadas, bares e praia. Quantas vezes avistei Tom Jobim pescando de anzol nas tardes quietas da praia mais pro lado da Maria Quitéria, onde devia dar mais peixe, ou no bar Jangadeiros, na Praça General Osório. Isso nos fins de semana, porque durante a semana, vida dura, eu trabalhava no escritório da Bozano Simonsen, no Castelo.

Tom e Vinicius já haviam composto "Garota de Ipanema" no Veloso. Acompanhávamos o noticiário do sucesso da bossa nova nos States. Tom gravando com Sinatra, Sérgio Mendes prestes a estourar e aquilo tudo. Em Ipanema todo mundo era *cool.* E eram muitas as garotas que se sentiam ou que os outros achavam que fossem a musa inspiradora do sucesso. Eu não tinha visto a reportagem com Heloísa Pinheiro na *Fatos & Fotos*, mas era amigo de duas que também levavam merecidamente a fama de musas inspiradoras do (agora) sucesso mundial. Marília d'Alincourt, por exemplo. Os d'Alincourt eram amigos de Iza e Agnaldo. Aurélio, o pai, era pintor famoso e professor na Escola de Belas-Artes. Pintara retratos de minha irmã e meu sobrinho. Os d'Alincourt moravam em uma casa avarandada na Rua Montenegro ao lado de onde, hoje, está a loja Toca do Vinícius. Marília era linda, suave e simpática. Batíamos longos papos, eu na calçada e ela na janela. Um dia emprestou-me um livro de astrologia, assunto pelo qual até então não me interessara. Era um livro grosso, o li inteirinho e o que dele extraí me serviria de *approach* nas matinês da boate Bottle's.

A outra *garota de Ipanema* minha conhecida era Duda Cavalcanti. De família rica, Duda morava em uma mansão em frente à Lagoa Rodrigo de Freitas. Seu namorado, Giles Jacquard, diziam ter sido trazido com a família da França por JK e dona Sarah para ensinar francês *in loco* no Palácio do Catete. Em Ipanema Duda e Giles sobressaíam por ela ser muito alta e ele baixinho. Duda, que vivia mais em Paris que em Ipanema, era de uma beleza especial. Ao mesmo tempo doce e agressiva, morena, lábios que humilhariam os de Angelina Jolie, cabelos lisos que desciam à cintura, tão ou mais alta que Helô Pinheiro. Além do mais, Duda estudara na Suíça e era modelo em Paris, carreira que levava mais como hobby, já que não precisava do dinheiro por ser de família abastada. Breve seria lançada como estrela no cinema francês, como mostrava a reportagem na *Paris Match*, revista que todos folheavam na banca da Praça General Osório ou na biblioteca da Maison de France. Enérgica, intempestiva, considerada um "puro-sangue" (no melhor sentido equino), Duda Cavalcanti me adotou como amigo e de vez em quando pegava o carro (importado) do pai e me levava a passear. Um dia, íamos, ela na direção, irritada, não me lembro se com Giles ou com alguém da família, quando bateu o carro num poste. Não sofremos nenhuma escoriação, mas a frente do carro ficou bastante avariada. Duda nem ligou. Deu ré e continuamos o passeio. Conversa vai, assuntos muitos, estava na moda ser pseudointelectual. Éramos todos considerados pseudointelectuais só porque tudo que aprendíamos era no convívio ou de orelhada. Daí, não sei do que falávamos quando Duda disse:

– Você é místico.

Fiquei surpreso: o que era ser "místico"? Era claro que eu continuava a acreditar em muitas coisas, aliás, acreditava em praticamente tudo, ainda que não me aprofundasse. Acreditava, por exemplo, menos no amor e mais na amizade, mas isso era ser místico?

Por falar em amizade, Luiz Carlos Góes era de uma generosidade e um desprendimento que até então eu jamais encontrara em outra pessoa. Primeiro que ele e sua família me alimentavam. Isso nos fins de semana em que eu estava de folga do trabalho. Sua casa era um sobrado na Rua Paul Redfern no trecho de Ipanema chamado Bar 20 (Luiz Carlos fazia questão de dizer que morava no Bar 20). Família adorável e divertida, a começar pela avó paterna, Lili, a mais doce e meiga das criaturas e que fazia cara de censura (mas gostando) quando o neto lhe dizia coisas picantes dando-lhe um beliscão na bunda. O pai, Pelágio, era outro encanto. Funcionário público, comunista na mocidade, era de bem com a vida e jamais o vi perder o humor. Tinha muito de bon-vivant. Ilma, a mãe, bonita e festeira, da família era a única a denotar certa irritabilidade pela evidência de que os três filhos homens (ainda crianças, era bem verdade) não seguiriam o destino que ela sonhava para eles. Mas até isso Ilma tirava de letra, porque de resto a vida era boa. E as refeições sempre fartas e saborosas. Nas altas horas dos sábados, quando nos divertíamos no meio da excitada fauna nas calçadas em Copacabana, se batia a fome voltávamos a sua casa no Bar 20. A família já dormia. Na cozinha, Luiz Carlos ligava o fogão, pegava uma panela, ia jogando dentro o que sobrara do almoço e do jantar acrescentando o que tivesse à mão, banana picada, mais sal, pimenta, azeite, manteiga, uva-passa. E o fazia como que interpretando uma aula de culinária na TV. Aquilo era um brilhante show de comédia em pé, e o risoto resultava delicioso. Bem alimentados, voltávamos à calçada fervilhante na esquina do Alcazar, na Avenida Atlântica. E festas, sempre rolava alguma nos apartamentos em Copacabana. Levado por Luiz Carlos, a vida era cultura geral ao vivo. E ele ainda nem completara dezessete anos. Acompanhando-o em todas, eu me sentia da mesma idade. E até mais novo (pela inexperiência). Luiz

Carlos conhecia e era amigo de muitos adultos bem estabelecidos na cena cultural carioca. Um deles era o Paulo Santos (crítico de jazz e com programa na Rádio Ministério da Educação). Luiz Carlos levou-me ao seu apartamento. Fiquei maravilhado com as estantes até o teto lotadas com LPs de jazz. Paulo Santos mandou que eu ficasse à vontade e escolhesse um disco pra tocar. Peguei um LP da Chris Connor, famosa pela voz quente e estilo *cool*. Até então eu nunca a tinha ouvido. Paulo pôs o disco e lembrou da vez que a cantora americana em temporada no Rio estivera em seu apartamento. Chris bebeu tanto que saiu trôpega direto do apartamento de Paulo Santos para se apresentar no palco do Teatro Municipal. Durante a apresentação ela parou uma música no meio por não se lembrar da letra. O público em suspense. Daí Chris improvisou e foi aplaudida. A música era "Black Coffee", descobri décadas depois em Londres, encontrando numa loja de raridades, o CD de Chris Connor ao vivo no Municipal do Rio de Janeiro. Mas voltando àquele dia, Paulo Santos disse ao Luiz Carlos que na boate Bottle's aos domingos tinha vesperal e menor de idade podia entrar. E no próximo domingo lá fomos ao chamado Beco das Garrafas, onde ficava a Bottle's. Praticamente todos os músicos da bossa nova e do jazz ali davam canja nas matinês domingueiras que aconteciam quase à noitinha. Do Milton Banana Trio a Leny de Andrade, de Johnny Alf a Jorge Ben, toda a turma do Menescal e muitos mais. Acabamos tendo mesa cativa da qual participava um garoto bonito chamado Ronaldo e sua namorada, Aretuza. Ronaldo era surpreendentemente culto para a idade. Três anos depois, na onda Jovem Guarda ele brilharia como Ronnie Von. Nossa mesa nas matinês domingueiras da Bottle's era animada e assuntos não faltavam. Cada um pagava sua conta e o dinheiro pro meu único Pernod eu o tinha garantido.

35

Revelação de ator e secretário do general

Não sei quem me informou, só sei que fui lá no prédio da UNE onde numa sala ia acontecer a primeira leitura de *Esperando Godot*, que ia ser encenada por alunos da Faculdade de Engenharia. Maurice Perpignan, o diretor, de origem francesa, estava para se formar engenheiro e como despedida da faculdade ia dirigir a peça. Nessa leitura o elenco estava quase completo, só faltava o ator para o papel de Estragon. De estranho na sala, só eu, levado pela curiosidade de ouvir o texto de Samuel Beckett. Daí aconteceu: o diretor me olhou e foi como se a Providência lhe tivesse enviado o Estragon.

Os ensaios iam adiante e em pouco tempo todos tinham suas falas na ponta da língua, menos eu. Gostava do texto de Beckett, identifiquei-me com ele no ato, o problema era decorar. Maurice, o diretor, dizia:

– Não tenha pressa.

Embora sua idade regulasse com a minha, Maurice era compreensivo e paternal. Seus olhos azuis mediterrâneos combinavam à perfeição com a paciência e pulso firme de diretor. Minha compreensão, a princípio lerda, aos poucos ia captando. Até que num ensaio o personagem brotou. Maurice explodiu de alegria. *Estragon* finalmente nascia. Daí para frente o elenco tiniu, e o espetáculo ficou pronto. Para testar, fizemos uma primeira apresentação no Clube Israelita Brasileiro (CIB), na Rua Barata Ribeiro, em Copacabana. Nos ensaios seguintes Maurice apertou onde precisava, e eu me ofereci para ajudar na divulgação. Ia pessoalmente entregar convite e um bilhete nas residências dos colunistas, pedindo que dessem nota. Stanislaw Ponte Preta (Sérgio Porto) no jornal *A Última Hora* deu uma nota divertida. Meu bilhete era assim: "Ajude-nos com uma nota na sua coluna que a gente manda um monte de ingressos para você distribuir para as suas *certinhas*". *Certinhas* eram chamadas as vedetes em biquínis que ilustravam as colunas de Stanislaw. E ele publicou: "Mas vocês estão esperando por Godot ou pelas certinhas? Faço voto para que sejam um sucesso as apresentações do Teatro Universitário do Brasil (o nome do grupo) na sua temporada prevista para dois domingos e oito segundas-feiras. Mas acho melhor vocês esperarem mesmo é por Godot. Beckett para as certinhas é tão pesado quanto vatapá para recém-nascido".

Considerada teatro do absurdo, segundo um crítico inglês, *Esperando Godot* "é uma peça em que nada acontece duas vezes". Ou seja, nos dois atos espera-se um Godot que não aparece. Nem no final. Ainda que por um grupo amador, a peça era pela primeira vez encenada no Rio de Janeiro exatamente dez anos depois de mundialmente estreada em Paris.

E estreamos a nossa temporada. Primeiro em duas apresentações no Teatro Nacional de Comédia, continuando depois no Teatro Jovem. Toda a crítica foi conferir. Fausto Wolff dedicou todo seu espaço no jornal *Tribuna da Imprensa*. Um trecho de sua crítica: "Eu não poderia deixar de comparecer e incentivar. Trata-se de uma das obras mais importantes da dramaturgia contemporânea e pessoalmente uma das que mais gosto. [No caso] trata-se de um espetáculo amador realizado com dificuldades e apresentado por atores estreantes que no final ficam sem jeito com os aplausos. Em tudo, porém, nota-se a preocupação de acertar, de fazer um trabalho digno e sério. A tradução da peça é de Esther Mesquita (excelente). A direção é de Maurice Perpignan, inexperiente sem dúvida, mas com maior sensibilidade que a maioria de nossos diretores profissionais. No elenco: Antonio Bivar (Estragon), Ricardo Valle (Vladimir), Fernando Resky (Lucky), Abrão Fidel (Pozzo) e Bernardo Jablonsky (o menino). Antonio Bivar, de todos os Estragons que vi no Brasil, é o que melhor sabe e sente o que diz. Tanto ele quanto os outros, porém, devem estudar muito, estudar sempre, não esmorecer nunca, pois têm todas as possibilidades para fazer o melhor teatro universitário do Brasil. Finalmente, quero dizer aos leitores que apesar de minha total negação para assistência social, acredito nesse grupo".

Pena o grupo não ter continuado. Cada um tomou seu rumo. E aproximava-se o Natal de 1963, época em que os críticos faziam suas listas dos melhores do ano. Qual não foi minha surpresa quando Fausto Wolff elegeu-me uma das cinco revelações masculinas do ano. Dos outros quatro só me lembro do Milton Gonçalves, que já era profissional.

Papai estava certo quando na despedida em casa disse que o Rio seria melhor pra mim. E estava sendo: menos de um ano na cidade e eu já era ator revelação! E graças a Maurice Perpignan. Maurice, depois da peça, continuou amigo. Achava que não era uma boa eu ficar oito horas diárias escravizado num escritório. Arranjou-me um emprego de meio período, e ganhando o mesmo, como secretário de um general do exército aposentado e que agora cuidava de suas salinas em Araruama. Maurice prestava serviços de engenharia ao general e arranjou-me esse emprego. Tedioso como qualquer emprego, esse foi uma mão na roda. Eu ficava sozinho num amplo escritório de várias salas. O general passava dias sem aparecer e quando menos se esperava chegava de surpresa, de modo que eu devia estar sempre preparado. Nesse emprego o que mais sobrava era tempo. O general nunca dispunha de tempo para conferir meu trabalho e tirar minhas dúvidas. Ainda assim eu imaginava estar cumprindo com esmero as poucas tarefas a mim incumbidas. Um dia ele me entregou uma papelada para eu passar a limpo e transformar em livro. Nesse material estava a experiência que ele iria passar a interessados no campo da implementação e exploração de salinas. Terminada a minha tarefa, o general deu uma olhada por cima e disse "Ótimo". Achou que eu caprichara. E acrescentando mapas e gráficos extras, mandou que eu levasse tudo para ser impresso em forma de livro, com cem cópias, na gráfica da Faculdade São Francisco.

O resultado, aparentemente, ficou perfeito, até eu gostei. O general chegou, sentou-se à mesa de sua sala, cofiou o bigode e segurou, com orgulho, a bela obra. Mas assim que aberta e à primeira conferida o general deu um grito agudíssimo, me assustando. Foi virando as páginas e mais gritos. Nem ele conseguia entender o que era aquilo. Passado o impacto negativo e eu esperando pela demissão, ele não me despediu. Com cuidado corrigiu à mão meus erros, mandou que eu refizesse o trabalho e voltasse à Faculdade São Francisco para uma nova impressão de mais cem cópias. Aí, sim, a nova edição saiu a contento e o general ficou contente.

O escritório do general ficava num edifício que, virando à esquerda, logo ia dar na Praça Mauá; à direita, a Avenida Rio Branco e suas transversais. Com o general sempre ausente e eu nada tendo que fazer, passava o maior tempo longe do escritório, perambulando pelas cercanias. Ia ver navios no porto e sonhar com distâncias. Foi nesse tempo que aconteceu o assassinato do presidente Kennedy. Soube da tragédia de manhã, indo tomar café no porto. As pessoas na rua me pareciam consternadas, com cara de velório. Na Praça Mauá, tão distante de Dallas, as putas pareciam mais decaídas que o costume. No escritório, dias depois, o general, sério e franzindo o cenho, disse que uma mudança estava para acontecer, inclusive no Brasil. Talvez já no ano seguinte.

36

Passei no vestibular

No início de 1964 finalmente prestei o vestibular para o Conservatório Nacional de Teatro. Na prova de Interpretação o examinador foi Gianni Ratto. Escolhido por ele li um trecho de *Os sertões*, de Euclides da Cunha, e fui aprovado. Um fato interessante foi descobrir, anos depois, que o fundador do conservatório foi um dos meus pentavôs paternos, Diogo Soares da Silva de Bivar (Portugal 1785-RJ 1865). Começou como Conservatório Dramático Nacional e depois mudou para Conservatório Nacional de Teatro. Consta que o comediógrafo Martins Pena (RJ 1815-Lisboa 1848) trabalhou no CDN e sofreu o diabo sob as ordens e a censura desse meu antepassado.

Mal as aulas começaram e aconteceu aquilo que mudou a história: pouco antes, com a renúncia do presidente Jânio Quadros, o vice-presidente Jango Goulart assumiu a Presidência da República e logo foi deposto pelo golpe militar de 31 de março de 1964. A situação no país estava esquisita. Na véspera do golpe, levado por Luiz Carlos Góes, eu passara a noite numa festa jovem no alto da Gávea, na casa dos gêmeos Pedro e Paulo, cujos pais passavam o feriado em Petrópolis. Luiz Carlos e eu deixamos a festa já dia claro e achamos estranho o silêncio na rua. Os ônibus haviam sumido. Como voltar pra casa? A rua principal da Gávea estava deserta. Até que avistamos um furgão. Fizemos sinal de quem implora carona, o motorista parou e seu ajudante mandou que entrássemos na traseira. Era um frigorífico de transporte de carne. A carne já havia sido entregue, mas a traseira estava encharcada de sangue bovino. O motorista contou que estava tendo manifestação na Cinelândia e que ele, indo para a Zona Norte, ia passar perto. Luiz Carlos e eu ficamos animados a ir dar uma espiada. O furgão nos deixou na esquina da Rua Riachuelo e fomos caminhando até a Cinelândia. Chegamos ao som de tiroteio, gritaria, revolta. Alguns manifestantes nos vendo ensanguentados (pelo sangue bovino do frigorífico) vinham condoídos nos perguntar se estávamos feridos e se precisávamos de ajuda. Antes que pudéssemos responder, uma rajada de metralhadora fez com que todos se atirassem no chão, como se o chão fosse proteção. Luiz Carlos e eu também nos atiramos, às gargalhadas. Não estávamos entendendo nada. Que patuscada era aquela? Jamais tínhamos visto coisa parecida. Mas não dava mais para permanecer ali, que as bombas de efeito moral, o gás lacrimogêneo, a todos causavam pranto ardido.

E as aulas no conservatório seguiam um tanto chochas porque a situação geral não se definia. Daí uma noite uma das professoras, Maria Clara Machado, chamou eu e o Érico Vidal para uma conversa particular.

Filha do escritor Aníbal Machado, Maria Clara fora chefe das bandeirantes na adolescência antes de ir estudar teatro na RADA em Londres e depois em Paris com Jean-Louis Barrault. De volta ao Rio fundou O Tablado. Apesar de definido como teatro amador, os espetáculos d'O Tablado eram feitos com cuidados profissionais. Várias gerações de atores e diretores entre os melhores do teatro carioca saíram ou passaram por O Tablado. Maria Clara era também autora de clássicos do teatro infantil, como *Pluft, o fantasminha* e *O cavalinho azul*. Argumentando que aquele seria um ano perdido para os estudos por conta da ditadura militar em seu ano zero e da proverbial inclinação da maioria dos estudantes para enforcar aulas sempre que nas ruas manifestações, protestos, reivindicações, ou simplesmente baderna, os conclamassem, Maria Clara primeiro nos aconselhou, mas logo a seguir nos *obrigou* a trancar a matrícula até o ano seguinte, pois nos escolhia, Érico e eu, para os papéis de galãs em *Sonho de uma noite de verão*, que ela ia dirigir n'O Tablado, celebrando o quarto centenário de nascimento de William Shakespeare. Ao Érico o papel de Demétrio e a mim o de Lisandro. Fazia um ano que eu estava no Rio. Como ator eu estreara bem com Samuel Beckett, autor vivo e contemporâneo, e agora ia fazer Shakespeare! E ser dirigido por Maria Clara Machado! Érico e eu já éramos colegas e amigos desde a escola de Dulcina. Na peça de Shakespeare continuaríamos fazendo amigos e rivais. De resto, Maria Clara sabia quem escolhera, afinal era nossa mestra desde a escola de Dulcina.

37

Sonho de uma noite de verão

Maria Clara realmente tinha pulso de ferro para tocar tamanha empreitada. Com um elenco de 24 participantes entre bens distribuídos papéis e figuração, a diretora transmitia um entusiasmo que a todos contagiava. O grupo era heterodoxo e heterogêneo, de várias idades e extrações sociais. A tradução primorosa de Maria da Saudade Cortesão foi feita especialmente para essa montagem. Maria Clara distribuiu o texto e os papéis e os ensaios começaram. A crítica especializada estava convencida de que vinha coisa boa. Yan Michalski, no *Jornal do Brasil*, escreveu: "Maria Clara Machado estava, por afinidade e por temperamento, predestinada a encenar *Sonho de uma noite de verão* mais do que qualquer outro diretor no Brasil. Com a maior naturalidade e bom humor saberia forçosamente lidar com um texto cuja grande dificuldade consiste em encontrar um mágico tom de harmonia e unidade para as peripécias dos dois casais de jovens apaixonados, de um grupo sobrenatural de duendes e fadas, de um sexteto de pobres artesãos que resolve montar uma peça de teatro, e de um duque e sua noiva em preparativos para as bodas".

O elenco: Érico Vidal e Regina Gudole como Demétrio e Helena, eu e Ana Tolomei como Lisandro e Hérmia, éramos os dois casais de jovens apaixonados. Do grupo de elementais, a belíssima Lívia Imbassay no papel de Titânia, a rainha das fadas, e Jorge Cherques, seu par, Oberon. Flávio de São Tiago no papel de Puck, o duende endiabrado. A horda de elfos e duendes era interpretada por um grupo de garotas, sendo que a mais velha devia ter, no máximo, dezesseis anos. Tessy Callado, filha do escritor Antonio Callado, e Djenane Machado, filha de Carlos Machado, o "rei na noite". As outras eram Aminta Duvivier (da família Duvivier, nome de rua em Copacabana), Lilian Holzmeister, Eliana Machado Moraes, Ana Maria Ribeiro e Lucia Marina Accioli. O grupo de pobres artesãos que encenava a peça dentro da peça por ocasião das núpcias reais era hilariante. Tinha Bernardo Maurício como Pedro Pinho; Acyr Castro, o Zé Bobina; Paulo Nolasco, o Chico Flauta; Fernando Resky, o João Caldeira; Cláudio Vianna, o Esgalgado, e Ivan Setta, o Esmerado. Claudio Tozzi interpretava o duque, e Maria Helena Kropf, sua noiva. Sérgio Mauro fazia o Egeu, e Claudio Gonzaga o arauto Filóstrato.

Com esse elenco, uns com emprego durante o dia e só podendo ensaiar à noite e nos fins de semanas; outros, estudantes em faculdades, sempre ocupados com as provas; e outras, apenas adolescentes ricas, com mais tempo livre além dos estudos. Contudo, ainda assim Maria Clara conseguia levar adiante os ensaios, que iam, como se dizia, de vento em popa.

Marie Louise Nery, a figurinista, tomava as medidas para o impecável figurino elisabetano. Também de Marie Louise, com o marido Dirceu Nery, a criação do cenário: um misterioso bosque e um descampado. A música especialmente composta para a montagem era de Edino Krieger, e a inspirada iluminação, de Napoleão Moniz Freire. Tudo calculado para jamais aborrecer a plateia durante os cinco atos e um único intervalo.

O espetáculo contou com o patrocínio do Conselho Britânico e do Serviço Nacional de Teatro. Além da natural magia do texto e do cuidado minucioso da produção e da química do elenco formado por Maria Clara, tudo funcionava à perfeição – mesmo levando em conta a inexperiência da maioria do elenco.

Num teatro cuja capacidade era de não mais que 250 poltronas, os convites para a estreia foram disputados não só pelo público cativo d'O Tablado, mas também pelos que queriam estar entre os primeiros a assistirem a celebração dos quatrocentos anos de Shakespeare, assim como representantes da Embaixada Britânica, que retardava sua transferência para Brasília. E mais a classe teatral e familiares do elenco. Até mamãe, que viera passar férias no Rio, foi (com Iza) ver o *Sonho* do filho.

A crítica foi unânime nos elogios. Um dos recortes da época é a Coluna de Teatro do crítico Geraldo Queiroz no jornal *O Globo* de 31.10.1964. A coluna é ilustrada com uma foto minha com Ana Tolomei, minha namorada na peça. Ambos no figurino elisabetano e em colóquio amoroso. A legenda, com nossos nomes, indicava as duas sessões daquele domingo, às 17 e às 21 horas. Na mesma coluna, no roteiro teatral, o crítico listava os catorze espetáculos em cartaz no Rio. Eram poucos, se comparados aos atuais roteiros teatrais. Em compensação, os nomes estelares desses catorze espetáculos! Começava com Fernanda Montenegro, Sérgio Brito, Ítalo Rossi e Yolanda Cardoso em *Mirandolina*, direção de Gianni Ratto, no Ginástico; Rubens Corrêa, dirigido por Ivan Albuquerque em *O diário de um louco*, no Teatro do Rio; e em outros palcos, na mesma temporada, Eva Todor, Isolda Cresta, Jacqueline Laurence, Cacilda Becker, Adriano Reis, Rosita Tomás Lopes, Fregolente, Emílio di Biasi, João das Neves, Tônia Carrero, Jardel Filho, Margarida Rey, Thaís Portinho, Maria Sampaio, Ziembinski, Helena Ignez, Cecil Thiré, Wanda Lacerda, Isabel Ribeiro, Ginaldo de Souza, Glauce Rocha, Laura Suarez, Beatriz Veiga, Natália Timberg, Maria Pompeu, Dinorah Brillanti, Elza Gomes, Moacyr Deriquem, Elizabeth Gasper e até as vedetes de Walter Pinto em *Tem bololô no bulelê.*

Sobre *Sonho de uma noite de verão*, a indicação de Geraldo Queiroz: "Um espetáculo cuidadosamente montado. O elenco jovem oferece surpreendente interpretação da comédia *féerie*". E na revista *Encanto*, quatro páginas, eu e Regina Gudole entrevistados por Carlos Aquino com o título "Encontro em Ipanema". Regina Gudole: "Sou um tanto reservada, introvertida. É lógico que sou ambiciosa. Gosto de tanta coisa que é quase impossível dizer o que prefiro. Também gosto muito de ler, principalmente Faulkner e Lorca". Antonio Bivar: "Sou bastante tímido. Passo horas lendo, podendo citar, entre os lidos recentemente, Gorki e Jean Cau. Não me considero ambicioso e não tenho pressa. O futuro não me preocupa. E mais do que representar gosto de escrever. Já estou até escrevendo um romance".

E toca levar o *Sonho* de Shakespeare ao planalto central do país. Brasília estava no seu quarto ano. Reencarnando com gosto o espírito desbravador, Maria Clara nos pôs dentro do ônibus especialmente fretado para a aventura. Foi uma viagem até divertida apesar de longa, cerca de vinte horas. Fincada no Centro-Oeste, à primeira impressão Brasília me pareceu cenário de faroeste futurista. O Teatro Nacional ainda não estava pronto, e a peça foi encenada no palco improvisado de uma escola também improvisada. O melhor da temporada, para um elenco cuja maioria era pouco viajada, foi a mordomia. Fomos hospedados de graça e com todas as regalias no Hotel Alvorada, a uma curta caminhada do Palácio da Alvorada, que visitamos. O presidente da República era o marechal Castelo Branco (que não foi ver a peça). Mas o episódio mais inusitado aconteceu na viagem de volta. Talvez pelo efeito do lauto breakfast no hotel antes de tomarmos o ônibus de volta, estávamos em plena estrada cortando o cerrado quando repentinamente todos ao mesmo tempo sentiram uma aguda dor de barriga. Maria Clara fez parar o ônibus e comandou: "Desçam todos. Deu piriri geral. O cerrado é de vocês. Ninguém à vista". E desceram todos, cada um à procura de um tufo vegetal onde se esconder e se aliviar. Depois do alívio a viagem de volta ao Rio seguiu divertida, com paradas para esticar as pernas.

38
No conservatório

No começo de 1965 passei a frequentar assiduamente as aulas no Conservatório Nacional de Teatro. A escola fora transferida do casarão na Avenida Osvaldo Cruz para o prédio que fora a sede da União Nacional dos Estudantes, na Praia do Flamengo. Paredes pretas do incêndio das tretas entre estudantes e milicos e, no fundo, escombros. Ainda assim, mesmo nessa aparência pós-guerra, o prédio continuava charmoso. Para servir como Conservatório Nacional de Teatro as dependências foram equipadas para atender às necessidades práticas de uma escola de teatro. As salas de aulas eram amplas, bem iluminadas e com grandes janelas. O ator Rubens de Araújo, amigo e colega de conservatório, lembra que Barbara Heliodora, como diretora do Serviço Nacional de Teatro, era quem nomeava a diretoria e o corpo docente do CNT. Quando entrei e até me formar o diretor era o filólogo Edvaldo Cafezeiro.

No conservatório, se o corpo docente era de primeira, o corpo discente não ficava atrás. Os cursos de interpretação, direção e dramaturgia duravam de três a quatro anos. Entre os professores, a começar por Barbara Heliodora, que lecionava História do Teatro, tínhamos Improvisação com Maria Clara Machado, Técnica Vocal com Gloria Beutenmüller, Interpretação e Direção com Luiza Barreto Leite, Sady Cabral, Sérgio Viotti, Gianni Ratto, Martim Gonçalves e outros tão bons quanto; Nelly Laport ensinava Expressão Corporal. Estudávamos História da Arte e do Teatro, com Gustavo Dória e Henrique Oscar. Para os exercícios os alunos podiam escolher cenas de autores clássicos e contemporâneos, mas também eram levados a atuar em textos escolhidos pelos mestres. Ao término do ano letivo, peças inteiras eram encenadas e abertas ao público. Do corpo discente, apesar de a maioria dos alunos ser carioca, outros vinham de outras regiões do país, trazendo na bagagem muito de suas raízes culturais. Muitos dos que se destacariam no cenário cultural brasileiro e até internacional estudaram no CNT. Rubens de Araújo, um ano mais adiantado que eu, diz Djalma Limoges, que fazia direção, contou a ele que até o Paulo Coelho estudou no Conservatório nessa época. Gilberto Braga, autor de novelas que revolucionariam a teledramaturgia através da TV Globo, também estudava no conservatório. Wagner Ribeiro e Cláudio Gaia, saídos do conservatório, anos depois formariam (com Lennie Dale e outros) os Dzi Croquetes. E tantos outros, como Marco Nanini, Pedro Paulo Rangel, Vera Setta, a lista é vasta. Na minha classe, Érico Vidal, Sérgio Mauro, Ivan Setta, Claudio Gonzaga – colegas de elenco de *Sonho de uma noite de verão*, no ano anterior n'O Tablado. Quando chamado a ir com a turma à praia no fim de semana, Claudio Gonzaga descartava o convite com tirada *camp*: "Na minha idade seria imprudência me expor ao sol". Claudio ainda nem completara 21 anos! E o tranquilo Fernando Bezerra, ator futuramente – e várias vezes – premiado; e Alceste, tensa, deslocada entre os colegas, praticamente só se alimentando de sementes de girassol. À sua volta o assoalho ficava cheio de cascas. Segundo Alceste, Van Gogh fizera o mesmo. A genuinamente *blasée* Isabel. Filhas do escritor Francisco de Assis Barbosa, Isabel e a irmã gêmea Cristina (que não estudava no conservatório) eram idênticas e saíam nas melhores revistas, sempre fotografadas pelo americano e carioca honorário David Drew Zing. E Solange Padilha, sofisticada e mordaz, impecável segundo o figurino da *Elle*, revista francesa que décadas depois seria franqueada ao mundo. Nessa época só existia a *Elle* original, semanal. As garotas sofisticadas da Zona Sul tinham a *Elle* como bíblia. Éramos todos afetados por um lado crítico extravasado nas chacrinhas entre aulas. Ionita: "Você é muito complacente, Bivar". Isso porque, para harmonizar, eu defendera o professor de uma aula que Ionita achara péssima.

Da minha classe, Ionita Sales Pinto era a colega com quem eu mais afinava. Aos dezoito anos ela já tinha uma história. Ainda no começo da adolescência, casada com Carlos Penafiel (da família do Cartório Penafiel), teve dois filhos, Andrea e Bernardo. Ionita foi mãe aos treze anos! Penan, como era chamado, fazia parte da jovem elite intelectual de Ipanema. O casamento durou pouco, mas continuaram amigos. Ionita e os filhos moravam com a mãe dela, a poeta Ione Stamato, musa de escritores e pintores em décadas anteriores. Moravam em um grande apartamento em Copacabana. Leila Diniz era da mesma idade que Ionita, sua grande amiga e madrinha de um dos filhos.

Ionita era linda. Cabelos lisos, rosto de traços perfeitos. Terminado seu namoro com o jovem ator Renato Machado, Ionita me escolheu para melhor amigo. Ela e Solange, bem relacionadas com a elite cultural da Zona Sul, tinham as portas abertas. Em tempo de ditadura e reuniões secretas, eu era levado pelas duas – principalmente por Ionita – a reuniões memoráveis, fosse da alta intelectualidade ou da esquerda festiva, nos mais concorridos apartamentos e coberturas. Ao apartamento de Mário Pedrosa, na Rua Sá Ferreira; à cobertura de Rubem Braga, na Teixeira de Melo. No apartamento de Nelita e Vinicius de Moraes, na Rua Domingos Ferreira, fui com Ionita na noite da finalíssima do Festival da Canção em que Elis Regina defendeu "Arrastão", de Edu Lobo. Matamos a última aula no conservatório e pegamos o ônibus. Quando chegamos o apartamento estava cheio. Faminto, fui direto à cozinha onde Vinicius, sozinho, raspava com faca o que restara de carne na ossada de um frango assado para fazer sanduíche com o último pãozinho de padaria que sobrara. Ao perceber que minha fome era maior, Vinicius estendeu-me o sanduíche. Ato magnânimo do qual nunca esqueci. E logo depois chegou Elis Regina vinda de sua apresentação no festival. Elis transmitia a exaustão aliviada de quem chegava de uma missão bem cumprida. Foi a uma das janelas e feliz aspirou o ar da noite que perpassava entre os vãos apertados dos edifícios de Copacabana.

Foi uma época muito rica para a música popular brasileira. Em dezembro de 1964, inaugurando o teatro de mesmo nome, estreava o show *Opinião*, com Zé Kéti, Nara Leão e João do Valle. No ano seguinte, com um grupo de colegas do conservatório íamos ao Teatro Jovem do Kleber Santos assistir o maravilhoso show *Rosa de ouro*, de

Hermínio Bello de Carvalho. *Rosa de ouro* trazia de volta ao palco a lendária vedete Aracy Côrtes, que brilhara entre as décadas de 1920 e 1940. Nascida em 1904, em 1966 Aracy Côrtes estava abandonada no Retiro dos Artistas. Mas foi lembrada por Hermínio Bello de Carvalho, que a trouxe de volta e a pôs em ótima companhia. O show revelava uma surpreendente Clementina de Jesus, que já devia estar beirando a terceira idade ao ser lançada em *Rosa de ouro*. No pequeno Teatro Jovem, Clementina e Aracy eram duas divindades acompanhadas por um regional que tinha como revelações máximas os muito jovens Paulinho da Viola e Elton Medeiros. E o resto da banda era todo extraordinário: César Faria (pai do Paulinho), Anescarzinho do Salgueiro, Jair do Cavaquinho e Nelson Sargento. *Rosa de ouro* era o máximo. E nesse mesmo ano, 1966, no Teatro Santa Rosa, era a vez de outra Aracy lendária. Com supervisão de Aloysio de Oliveira, o show *Samba é Aracy de Almeida* punha em cena a cantora feliz da vida no perfeito desempenho de sambista histórica completamente à vontade com os músicos de bossa nova que a acompanhavam. Sem que ela mesma se desse conta, Aracy até parecia cantora de jazz. Como era perto de casa, em Ipanema, depois da aula no conservatório eu pegava a última parte do show e ainda conversava com Aracy na saída. Ela me chamava de "Garotão" e me convidava para ir à sua casa no Encantado conhecer sua vasta discoteca em 78 rpm. Hoje me arrependo de não ter ido.

No último ano Ionita abandonou o conservatório e foi dar um tempo em Paris. O ano era 1967. Os meses na Cidade Luz lhe deram a desenvoltura decisiva. O filme da hora era *Bonnie and Clyde*, de Arthur Penn, com Faye Dunaway e Warren Beatty interpretando o célebre casal de assaltantes da década de 1930 no *hinterland* americano. Mais que relançar a moda de casais bandidos, o filme era perfeito no figurino, de modo que Ionita voltou de Paris perfeitamente *à la mode*, paginada de *Bonnie*/Faye Dunaway. E fazendo *rentrée* na noite carioca foi instantaneamente percebida por Jorge Guinle, notório bon-vivant. De seu passado e ligação com estrelas de Hollywood o Brasil inteiro tinha notícia. Segundo a lenda, grandes estrelas tinham se rendido ao baixinho porém charmoso e sofisticado milionário brasileiro, entre elas Marilyn Monroe ainda no tempo em que era Norma Jean. E agora, no instante em que a viu, Jorginho foi atraído por Ionita/*Bonnie*/Dunaway. Já na primeira abordagem ele a pediu em casamento. Ionita teve reação aturdida e pediu um tempo para pensar no assunto. Tratava-se de decisão importante. Aos vinte anos e muito mais jovem que ele, Ionita tinha, além do mais, dois filhos para criar. Jorginho aguardava impaciente a esperada resposta que não vinha. Objetivou. Fez uma contraproposta: que Ionita lhe desse os próximos sete anos, casamento de papel passado, comunhão de certos bens etc. E tal se deu. Ionita tornava-se socialite estrela das colunas sociais como Ionita Guinle. Não demorou eram pais de Georgiana. Jorginho, apaixonado, fazia gosto em atender o consumismo chique de Ionita. Feliz no casamento e prazerosamente atendida por Jorginho, Ionita foi fotografada por Richard Avedon em Nova York; em Hollywood pisou o tapete vermelho e teve lugar de destaque na plateia em uma cerimônia do Oscar; roupas exclusivas, joias e o melhor em cosmética, viagens de primeiríssima classe e o apartamento palaciano na Praia do Flamengo com motorista particular, criadagem de escol e babás perfeitas, Ionita também levou os filhos do primeiro casamento. Vendo Ionita feliz, Jorginho também irradiava felicidade. Findos os sete anos a separação foi amigável.

Perfeita no desempenho de dama da alta sociedade, os novos estatutos não permitiam que Ionita convivesse com a antiga turma. Mas no fundo todos, inclusive Maria Gladys (que morava no Solar da Fossa), tiravam o chapéu para ela. Anos depois nossa amizade seria de algum modo reatada. Num dos encontros, já no raiar da década de 1980, com o toque de humor sutil que lhe era característico, Ionita contou para Samuel Wainer, com quem jantávamos em São Paulo: "[No conservatório] eu e Bivar éramos os alunos prediletos de Sady Cabral". Nessa época, numa entrevista à revista *Interview*, perguntada se já tinha tido experiência sexual com mulher, Ionita (*in love* com o fotógrafo Antonio Guerreiro) respondeu: "Ainda não tive tempo".

39

Ego para Cristo

Em 1965, enquanto durante o dia trabalhava no escritório da loja Windsor em Copacabana e à noite cursava o Conservatório no Flamengo, fui convidado a participar da primeira montagem de um grupo que fora treinado por Gianni Ratto. O grupo Contato ia encenar um texto medieval, ensaios nos fins de semana. Faltava só o ator para fazer o Cristo e fui convidado para o papel. Há dois anos estreara numa peça de vanguarda (*Godot*) e no ano seguinte atuara no *Sonho* de Shakespeare. E agora como Jesus Cristo! Excitado com o prospecto, aceitei. Podia até encerrar a carreira de ator e levar adiante a de escritor. *Il Pianto della Madonna* (*O pranto da Madona*), de Jacopone da Todi, era uma peça italiana do século XIV. Nessa montagem do Contato não havia cenário, apenas um pequeno praticável onde Jesus subia para ser crucificado. Os atores usavam as próprias roupas, e eu usei uma calça velha e uma, (detestada) camisa branca de manga comprida, cem por cento poliéster. Para dar fim à camisa resolvi usá-la na peça. O texto, para fazer jus à proposta medieval, era traduzido no português de Camões. Em cena éramos três personagens e a turba furiosa da qual faziam parte o diretor Fábio Stefano e a estreante Selma Caronezzi. João Evangelista era feito por Ruy Pereira, e a Madona do título por Ilona Tirczka.

Os ensaios eram no Teatro João Caetano, na Praça Tiradentes. No primeiro dia de ensaio chegamos à noitinha e tivemos que esperar até que o palco fosse desocupado por aquela que no seu auge fora considerada "A vedete do Brasil", estrela da Companhia de Walter Pinto e favorita do presidente Vargas. Virgínia Lane, além de continuar vedete, era empresária e diretora da montagem cujo elenco ensaiava no teatro e estava prestes a tomar o ônibus fretado para a excursão Brasil afora.

O nosso grupo era formado por jovens intelectualizados que não estavam nem aí para a Virgínia Lane. Conversando num canto esperavam que ela e trupe desocupassem logo o palco para a gente ensaiar. O que não era meu caso. Para mim, Virgínia Lane, mesmo em fase de maré baixa, era uma lenda viva e como tal eu curtia observá-la. Parecia uma empresária cordata, cuidando para que suas *girls* (a maioria noviça no *métier*) sentissem firmeza na aventura pelo interiorzão. Simpática, sorridente, voz de mocinha, Virgínia perguntou às vedetinhas mal-alimentadas se tinham tomado banho e estavam com "calcinhas limpinhas".

Aquilo me encantou. Mesmo porque àquela altura eu já estava psicologicamente preparado para começar a ensaiar o papel de Jesus Cristo, e a rápida passagem de Virgínia Lane ali no palco servira de inspiração. Ela me pareceu uma Madalena genuína, uma Madalena moderna, cafetina, nem um pouco arrependida. Muito pelo contrário. Senti que o mundo continuava o mesmo, e eu, reencarnando o Cristo, tinha como parte de minha missão perdoar os pecadores. No caso, Virgínia Lane e suas *girls*.

O pranto da Madona estreou no Teatro Nacional de Comédia com críticas benevolentes. Depois da curta temporada no TNC excursionamos pelos subúrbios e fizemos a última apresentação em frente ao altar da igreja católica do Centro Comercial de Copacabana na missa das seis da tarde de um domingo calorento. A linha do espetáculo era minimalista. Para começar, não havia cruz. Minha função no papel era simular, com verdade e sentimento, a crucificação. Estendia o braço esquerdo na horizontal manifestando dor intensa ao ser pregado por carpinteiros invisíveis. A seguir estendia o braço direito expressando intensidade ainda maior ao ser pregado. E assim, igreja lotada, a peça começava e logo a turba vociferava em uníssono: "Crucifige! Crucifige!" – que era para eu ser crucificado. Nas récitas até então a turba apenas vociferava, mas nessa última apresentação, na igreja e na missa das seis, a turba, que nesse dia contava com mais figurantes, entre os quais figurantes comunistas e ateus, exacerbou. Atacaram-me feito hienas famintas e aos puxões furiosos arrancaram-me a roupa, fazendo com que eu me sentisse nu sem nada poder fazer, já que estava sendo crucificado. Não dava para olhar para baixo e me certificar se o que era indecoroso não estava exposto naquele recinto sagrado.

Crucificado mas ainda vivo, meu texto a seguir era consolar a Madona. Olhei para a comovente Ilona. Ela, que nas outras apresentações estivera perfeita no papel de mãe de Cristo, agora, ali à minha frente, ajoelhada e no pranto que dava título à peça, estava também com o rosto inflado como se lhe fosse escapar uma gargalhada incontrolável, por causa da minha cara apavorada por outro motivo. Acudiu-me a imagem de Nossa Senhora ali perto no altar, como que mandando seguir com a encenação. Conseguimos chegar ao fim, com aplauso e tudo. Recomposto e decentemente vestido, fui cercado por um bando de freirinhas. Foram unânimes em afirmar que de todo o elenco fui o mais convincente. Fiquei desconcertado quando uma das noviças me pediu autógrafo.

40

Participações (muito) especiais

Nos anos de estudo no Conservatório, quando surgiam oportunidades, os professores encaminhavam alguns alunos a participarem em grandes espetáculos internacionais ou montagens de peso vindas de São Paulo para temporada no Rio. Por contenção de despesas os papéis menores e a figuração eram feitos por artistas locais. Participei de alguns, mas o primeiro deles é o mais memorável. Ainda hoje guardo o programa com meu nome impresso, prova cabal de minha participação. Era o balé *Giselle*, que trazia Margot Fonteyn e Rudolf Nureyev ao Teatro Municipal. O ano era 1967, e o presidente da República – está na abertura do programa – era o marechal Arthur da Costa e Silva, e Negrão de Lima era o governador do Estado da Guanabara.

Além de Margot Fonteyn, primeiríssima bailarina mundial e que em outras ocasiões já se apresentara no país, era a primeira vez que Nureyev, no auge do sucesso, punha as sapatilhas no Brasil. Nelly Laport, nossa professora de expressão corporal no Conservatório, encaminhou quatro de seus alunos para participarem do balé como os quatro caçadores do séquito de Nureyev. Jorge Botelho, Sérgio Mauro, Érico Vidal e eu. Fomos encaminhados à diretora-geral, Dalal Achcar, e a Tatiana Leskova, responsável pela coreografia da nova montagem, baseada na coreografia original. Entre os nossos bailarinos em papéis importantes, a própria Nelly Laport, que atuava como a mãe de Giselle (Margot Fonteyn). O espetáculo agrupava mais de cinquenta bailarinas e uns quinze bailarinos. Três dias de ensaios com todo o elenco e a participação calma de Margot e inquieta de Nureyev. Num dos intervalos do ensaio levei bronca de Nureyev por estar fumando no palco. “Boy, don’t smoke here” – ele ordenou, sério.

Na noite de estreia, estávamos todos nas coxias, já vestidos em malhas, sapatilhas e com os objetos de cena (no nosso caso, caçadores, além das sapatilhas, a arma e o chapéu de caça) prontos para o terceiro sinal. Noite de gala, teatro superlotado com a nata da sociedade carioca, gente do alto escalão do governo e aficionados do balé. Cortina de veludo vermelho cerrada e o espetáculo atrasado. O público já batia palmas de impaciência. Atrás da cortina Margot Fonteyn mal continha o nervosismo: Nureyev continuava trancado no camarim. Até que a porta do camarim abriu e ele, pimpão, correu ao centro do palco e gesticulou pra que a cortina fosse aberta e começasse o espetáculo. E um tanto apatetado, saindo do camarim de Nureyev, o garoto figurante do grupo dos vindimadores. Vinha com a camisa rasgada, os óculos com o aro partido e marcas de chupões (que ele exibia como trunfo) por todo o pescoço.

Tudo pronto, cortina aberta, a dupla internacional calorosamente aplaudida, Margot recebeu de Dalal uma braçada de rosas vermelhas. Tirou uma rosa e passou para Nureyev que, altaneiro, beijou a rosa e a mão de Margot, jogou a rosa no assoalho e esmagou-a com a sapatilha esquerda. A orquestra mandou ver e a abertura, com o *pas de deux* da dupla, foi perfeita. Assim como todo o espetáculo, inclusive na sequência em que Margot/*Giselle*, enlouquecida por ter sido seduzida e abandonada pelo príncipe *Loys*/Nureyev, saía porta afora de sua modesta cabana na penumbra da floresta e de espada na mão corria atrás de Nureyev e seus caçadores (que éramos nós quatro: Érico, Sérgio Mauro, Jorge Botelho e eu). Para desviarmos da espada ensandecida da Margot/*Giselle* saltávamos de ré em bem coreografado *demi plié*. No final do espetáculo, a ovação. Foi minha única experiência como bailarino clássico no palco do Teatro Municipal do Rio de Janeiro.

A outra participação que considero digna de algumas linhas foi a ponta que ganhei num filme. Dessa vez quem me indicou foi o mestre Sady Cabral. O filme era estrelado pelo cômico Costinha. *Nudista à força* era o título. A direção era de Vítor Lima. Costinha fazia papel duplo, ambos com a mesma cara inconfundível. Num dos papéis ele era um distinto pai de família, com a mulher (Suzy Arruda) e a filha mocinha (Celi Ribeiro); no outro personagem Costinha era um gângster que tinha como parceira uma loira espetacular (Darlene Glória). Tudo se passava no Hotel Quitandinha, em Petrópolis, onde os dois Costinhas e suas respectivas eram hóspedes. Sérgio Mamberti fazia o recepcionista do hotel e eu, o ascensorista. Apareço em cinco sequências, todas no elevador. Espaço restrito, fui filmado sempre em close ou plano americano. Meu papel era achar que os dois Costinhas fossem um só e não entender porque uma hora ele entrava no elevador com mulher e filha e mal o elevador retornava ao térreo ele entrava com a Darlene Glória e saltava em outro andar. Eu mesmo não entendia o que era aquilo porque o diretor me empurrou no elevador sem explicar o enredo, e assim, por ignorar a trama e não entender o que estava acontecendo, desempenhei com naturalidade o papel de ascensorista confuso. Numa das cenas o Costinha família, vendo minha cara de quem não estava entendendo nada, fez bilu-bilu e disse: "Olha só a carinha dele!". Quando o filme estreou fui assistir numa matinê. Fiquei decepcionado: meu nome não constava dos créditos. E não era uma simples figuração, era uma ponta!

41

Escritor e dramaturgo

Era um mês qualquer do segundo semestre de 1966. Satisfeito com minhas experiências como ator, agora tudo o que eu queria era escrever, minha real vocação. Ainda na mansarda em Ipanema, havia uns dois anos começara um primeiro romance, *Impressões de mocinha.* Para tirar da cabeça o sofrimento por ter perdido o manuscrito, distraía-me escrevendo uma peça na mesa de trabalho no escritório da loja Windsor, em Copacabana. Já havia escrito as duas primeiras cenas, faltavam o recheio e o final. Dei à personagem central o nome de Cordélia Brasil e com ele veio o título da peça, *O começo é sempre difícil, Cordélia Brasil, vamos tentar outra vez.* A tendência teatral era peça de poucos personagens e cenário único. Eu estava resolvendo a minha com três personagens. Animado e inspirado, num fim de semana prolongado viajei a São Paulo para ler aos amigos o que até então havia escrito. Cordélia era vagamente inspirada na personalidade imprevisível de Carmen, e nessa viagem eu me hospedaria em seu apartamento. Tomei o ônibus noturno munido de caderno e esferográfica para o caso de ser acudido com alguma ideia durante a viagem. Poucos passageiros, ninguém ao meu lado. Assim que passadas as curvas da subida da serra, em vez de dormir fui sendo tomado por uma espécie de transe e escrevi, no escuro mesmo, todo o final da peça, desde o instante em que Cordélia dá pela falta de um último cigarro. O desaparecimento do cigarro é o estopim pra que Cordélia enlouqueça, acabe com tudo e se mate. Em São Paulo li para Carmen e amigos. Pela reação senti-me aprovado. De modo que resolvidos o começo e o fim da peça, só faltava o recheio. Daí que, de volta ao Rio, passando uma noite pelo Gôndola, restaurante frequentado pela classe teatral, o ator e jornalista Carlos Aquino propôs escrevermos uma peça em parceria. Aquino me entrevistara para uma revista no tempo do *Sonho de uma noite de verão* e desde então não mais o vira. A ideia de escrever uma peça em parceria não me entusiasmava porque eu já estava escrevendo sozinho outra (*Cordélia Brasil*). Ainda que inédito, eu era francamente pelo teatro do autor individual, sem parceria. Mas acabei topando. E até que foi divertido. Aquino tinha uma ambição desmesurada levada com humor. O golpe publicitário proposto por ele em relação à nossa peça nos promoveria escandalosamente. Eu era de opinião que primeiro devíamos escrever a tal peça para depois pensar no escândalo. Em 1967, e não só em Nova York, a pop art continuava em voga e os artistas davam happenings. Pela informação que tinha, happening era promover o mínimo como se fosse o máximo. Então, para não me desgastar num projeto que em princípio eu não acreditava, sugeri a Aquino que nossa peça fosse um happening. Aquino aprovou a ideia sem titubear e, notando meu entusiasmo pela escrita, deixou que eu escrevesse praticamente sozinho toda a colcha de retalhos que só não resultou inteiramente minha porque ele inseriu de próprio punho dois monólogos.

Por sermos jovens e também jovens os personagens da peça, os temas abordados eram os que estavam na moda entre a juventude moderninha pseudointelectual da Zona Sul. A coisa estava resultando "autêntica" (outra palavra muito em voga na época – "Fulano é autêntico"). Mas, e o título? Aquino também o deixou por minha conta e vibrou quando cheguei com o título escrito num papel: *Simone de Beauvoir, pare de fumar, siga o exemplo de Gildinha Saraiva e comece a trabalhar.*

Enfim, happening podia não significar nada, mas dependia de toda uma teoria para explicá-lo. No caso do título, Simone de Beauvoir devia parar de ficar lá em Paris sentada no café com o Sartre, fumando e teorizando, e seguir o exemplo de Gildinha Saraiva que, garota influenciável, fazia tudo aquilo que (imaginava) Simone mandava, ou fosse: estudar, ir à luta, às passeatas conscientes, aos filmes de arte e, no caso de a geografia ser ipanemense, à praia, no posto frequentado pelas cabeças pensantes.

Aquino, como jornalista íntimo das redações, deu o título em primeira mão à colunista social d'*O Correio da Manhã*. Era uma das colunas mais lidas nas edições de domingo. A nota era curta, mas bastou o título da peça para nos tornar instantaneamente famosos. Naquele tempo, ao contrário de hoje, os principais jornais não saíam às segundas-feiras. Em compensação, na terça estávamos em todos eles, citados por colunistas e humoristas do primeiro time. E tudo por causa do título da peça.

42

Simone de Beauvoir vs Gildinha Saraiva

Divulgada a partir do título desde abril, a peça estreou em julho no Teatro Miguel Lemos, em Copacabana. Produção, cenário e direção eram de Álvaro Guimarães e Roberto Franco. Jovens como os autores, Álvaro e Roberto captaram no ato o espírito da coisa. E o elenco por eles escolhido era tão jovem quanto o resto. Três garotas e três rapazes: Esther Mellinger, Margot Baird, Tânia Scher, Perry Salles, Ênio Gonçalves e Mário Petraglia.

A peça era leve, alienada (para o espírito ideológico militante obrigatório da época), ia contra a maré por não conter palavrões (e palavrão era o último grito, com as peças de Plínio Marcos), mas era uma jogada assumidamente anárquica. A censura só a proibiu para menores porque Perry Salles, alegando tratar-se de um happening onde tudo era *válido*, resolveu fazer uma coisa que vinha querendo fazer fazia tempo e que só agora surgia a oportunidade: declamar nu em pelo o "To Be Or Not To Be" de Shakespeare. Perry, que fazia o gênero ator temperamental (também em voga na época), bateu o pé, e os diretores, temerosos, porque ele era mais forte, deixaram passar. Fora isso não havia animosidade entre o elenco, talvez por não haver nenhum personagem com o nome Gildinha Saraiva. Todos, inclusive os rapazes, podiam se considerar como tal. A mais Gildinha em cena, por ser *mignonne*, pela feminilidade com que desfilava pelo palco dizendo seu monólogo de baixinha feliz, era Margot Baird, mas das atrizes a imprensa elegeu Tânia Scher como o *protótipo* Gildinha Saraiva.

E a imprensa não parava de publicar. Desde que há meses o título fora lançado e até depois da estreia, José Carlos Oliveira, então o cronista mais lido, em seu espaço no Caderno B do *Jornal do Brasil*, tomado pela paixão instantânea, escreveu treze crônicas tendo Gildinha como personagem. Uma das inspiradas crônicas de Carlinhos Oliveira (*Jornal do Brasil*, 27.6.67):

"Acompanho com curiosidade a extraordinária carreira de Gildinha Saraiva, meu ectoplasma predileto. Tudo começou com um título de peça teatral: *Simone de Beauvoir, pare de fumar, siga o exemplo de Gildinha Saraiva e comece a trabalhar*. Furtei o nome de Gildinha e desenhei-a meticulosamente. O embaixador Gilberto Amado foi o primeiro a se manifestar entusiasmado. Em seguida, Salviano Cavalcanti de Paiva se apaixonou por Gildinha. Millôr Fernandes resistiu algum tempo, mas acabou sucumbindo também ao feitiço dessa menina-moça cujo segredo reside, justamente, no fato de ser igual a todas as meninas que estão atualmente entre dezesseis e dezoito anos. Um amigo que leu a peça de Aquino e Bivar chama minha atenção para a expectativa criada em torno desse espetáculo, que brevemente estará no palco. Diz ele que a nossa espontânea e cega adesão a Gildinha contém o risco de supervalorizá-la. Mas acontece que nós temos sonhado em torno de um nome mágico; ainda não entramos no mérito da questão, e provavelmente não o faremos. Estou pensando nessas coisas enquanto almoço com Tânia Scher, a atriz principal de *Simone de Beauvoir* etc. Será ela a verdadeira e insubstituível Gildinha?". E mais adiante, continua o cronista: "Magistralmente construída, Tânia começou a usar biquíni aos doze anos, e aos treze era a garota mais bonita de Ipanema. Filha de alemães, é alta, morena-loura, tem um queixo voluntarioso e longas, tão longas pernas. O velho Max, seu pai, é membro do clube dos ipanemenhos legendários. Não levo em consideração a idade quando nego a Taninha o nome de Gildinha. Na verdade ambas são muito jovens; dois brotinhos. Mas Tânia Scher, por causa do amor, sofreu um bocado, e a marca desse sofrimento está em seu rosto, em seus olhos, na firmeza de sua voz e na claridade de seus sentimentos atuais. Está mais bela do que antes. Gildinha Saraiva, no entanto, é essencialmente inocente, intocada, disponível. É aquela garota de pequenos seios que você não namora, namorisca; aquela deliciosa criança que flerta com o jornaleiro para ler revistas de graça; que usa sapatos de salto alto e se pinta exageradamente para ver se lhe deixam ver algum filme proibido para menores. Em plena transformação física, psicológica e moral, Gildinha ainda desconhece uma quantidade espantosa de palavrões e jaz indecisa entre três carreiras, cientista atômica ou professora de inglês. (...) Porque Gildinha Saraiva somos todos nós. Ela é a nossa inocência a todo instante precipitada no escândalo e no remorso".

Nas proximidades da estreia, Aquino e eu éramos entrevistados. Era como se antes de as perguntas serem feitas já tivéssemos prontas as respostas. Entrevistados por Van Jafa, para o *Correio da Manhã*, 21.5.67. "Conversa com dois jovens autores já celebrados", era o título. Alguns excertos:

[Bivar]: "Pretendemos retratar o nonsense da nossa época, mais precisamente o de nossa geração. De forma que a peça teria que ser tão anarquista quanto o título, o qual me ocorreu antes mesmo que a peça fosse escrita."

[Aquino]: "É uma linguagem nova, dinâmica, caótica, dispersiva, bem de acordo com a nossa geração. Se é alegre num sentido, em outro é profundamente amarga."

[Bivar]: "Se não tem drama real, os personagens o inventam. Por isso passam por fúteis e *poseurs*."

[Aquino]: "Os figurinos são do novato Mário Valle, que se lança como figurinista teatral."

[Bivar]: "E a coreografia é de Nelly Laport, que brilhou como solista na recente temporada de Margot Fonteyn e Nureyev no Municipal."

[Aquino]: "Espalharam que Gildinha Saraiva pretende desbancar a Garota de Ipanema. Isso jamais passou pela nossa cabeça, mesmo porque a Garota é de 1963 e Gildinha é de 1967."

E a imprensa não parava de dar. Em *O Globo*: "A insólita figura de Gildinha Saraiva nasceu numa água-furtada em Ipanema e dizem ser frequentadora assídua do Cine Paissandu, do bar Zepelim, da praia no Castelinho e das noites no Le Bateau, preparando-se para tornar no mito 67. Todo mundo vai poder matar finalmente a curiosidade e conhecer Gildinha a partir da próxima semana".

Em um bar de mesas na calçada em Copacabana fomos entrevistados para o *Jornal do Brasil* por Fernando Gabeira – então um de seus jovens e promissores repórteres. A matéria (não assinada) saiu na primeira página do Caderno B (27.7.67) com o título: "Quem é você, Gildinha Saraiva?". E o texto começa: "A pergunta correu as redações quando se anunciou o título de dezesseis palavras, o maior da temporada. Virou personagem das crônicas de Carlinhos Oliveira. Na verdade Gildinha Saraiva não existe na peça. É representada pelos seis personagens jovens, três homens e três mulheres. Os autores, Antonio Bivar e Carlos Aquino, que estreiam para o público carioca acham que através do texto todos vão entender quem é Gildinha Saraiva. Eis um trecho da peça: 'Vocês sabem me informar que livros estão usando nesta estação? No inverno passado era Kafka. Mas Kafka hoje tá muito batido. No verão vi muita gente na praia carregando o *Ulisses* e o *Quarteto de Alexandria*. Sinto vontade de passear com Kerouac, mas temo ser tomada por *generosa*. E a Maria Eudóxia, que outro dia na fila do Paissandu carregava um Jorge Amado! Maior vexame. Ainda se fosse qualquer coisa mais *barroca* do Jorge, tipo *Suor* e *cacau*, mas *Gabriela*?! Todo mundo comentou. Isso pra não falar na Gildinha, né? Outro dia, numa mesa do Zepelim, conversando com não sei quem do Cinema Novo, tinha nas mãos Bergson, Engels e Kierkegaard. Pode, mais pretensiosa?!'".

Continua Gabeira: "O texto é quase todo feito de citações. Os seis personagens oscilam sempre entre suas próprias frases e as de escritores famosos. Quando falam sério sempre citam Simone de Beauvoir. E comentam tudo, do comportamento à pintura moderna. São falsos intelectuais, segundo os autores, e só no final revelam suas verdadeiras aspirações".

Ainda na onda promocional maluca que tomou conta da peça, às vésperas da estreia foi instituído na boate ao lado do teatro um concurso para eleger a garota mais Gildinha Saraiva de todas. No júri, entre outros, estavam Sérgio Porto e Salviano Cavalcanti de Paiva. Como a peça, esse concurso também era uma saudável brincadeira. As candidatas eram fantásticas. Venceu Scarlet Moon de Chevalier, uma visão aos dezessete anos. Exuberante na altura, no sorriso e na boniteza.

Na manhã do dia da estreia, no *JB*, o crítico Yan Michalski escreveu, com o título "Gildinha, o milagre da promoção espontânea": "Gildinha Saraiva antes mesmo de aparecer no palco transformou-se num personagem do folclore carioca ipanemenho. O original e provocante título fascinou meio mundo, inspirou crônicas e mais crônicas e a peça está em vias de se transformar num mito dos mais misteriosos. O ambiente que se tornou em torno dessa estreia é realmente inédito, se considerarmos que se trata de uma obra de dois jovens autores praticamente desconhecidos. Mas o bem bolado título provou possuir uma surpreendente força publicitária".

Daí a estreia propriamente dita. Calor de matar, teatro (sem ar-condicionado) superlotado inclusive nos corredores, e gente de pé, e outro tanto que não conseguiu entrar, do lado de fora. Nem eu entrei. Fiquei vendo aquilo de longe (na véspera tinha assistido ao ensaio geral) e, sem esperar pelo final (temendo ser linchado pelo público), fui para casa dormir. Aquino, ao contrário, assistiu tudo, na cabine de luz.

Das críticas, só o título da crítica de Yan Michalski basta: "Gildinha dá raiva". Yan escreveu que embora o espetáculo não atendesse às expectativas criadas em torno, os autores eram dotados de talento e humor nada desprezíveis. Meses depois ele nos entrevistou para o livro *Poder jovem*. Yan era encarregado da parte sobre teatro nesse livro que abrangia as manifestações artísticas juvenis. Quanto à *Gildinha*, era página virada. Nossa proposta fora a de um simples happening. Aquino queria causar escândalo. Causamos. E logo no Rio de Janeiro! E tudo por causa de um título! Que nem sei como saiu da minha cabeça! Missão cumprida, tivemos nossos merecidos quinze segundos de fama. Como novo sócio da Sociedade Brasileira de Autores Teatrais (SBAT) pela primeira vez na vida recebia os royalties percentuais de coautor: cinco por cento da renda bruta. Confesso ter sentido orgulho por um dinheiro ganho com aquilo que me dava mais prazer: escrever. Não era muito, não era nada, mas deu para eu me presentear com uma máquina de escrever que eu podia chamar de minha, uma Olivetti portátil, *Lettera 22*. Estava feliz. Não precisava mais nada. Tinha um teto e uma máquina de escrever.

43

Bibliotecário

O que veio a seguir foi tanto, que só em rápidas pinceladas. Ainda durante a agitação de *Gildinha Saraiva*, Joaquim Tibiriçá, um conhecido de certa influência e que apostava no meu talento, encaminhou-me a um concurso para bibliotecário na Faculdade de Medicina na Praia Vermelha. Segundo ele, esse emprego, por ser de meio período, me permitiria mais tempo livre para escrever. Eu nunca havia prestado concurso e estava certo que não passaria. Por ser o único candidato, fui aprovado. Na minha ingenuidade nem imaginava que Joaquim Tibiriçá fosse aquilo que no Rio chamavam *pistolão*. Entregaram-me a chave de uma pequena sala com estantes de madeira maciça abarrotadas de livros antigos de algum modo ligados ao interesse medicinal, livros por que eu tinha que zelar e ceder a algum eventual estudante que aparecesse à procura de algum tema específico. Nesse meu tempo de bibliotecário jamais apareceu estudante em busca desses livros. De modo que naquelas cinco horas sozinho e em paz nessa biblioteca morta, eu reconhecia que o emprego tinha suas vantagens. Além do salário mínimo relativo ao trabalho de meio período, salário certamente pago pelo governo federal, eu almoçava de graça no refeitório da faculdade, onde o bandejão era mais bem servido que o do Calabouço, aproveitava as horas de confinamento para ler e escrever e, como ninguém aparecia para me vistoriar, eu fechava a biblioteca e ia passear pelo bairro da Urca. Nesses passeios descobri o Conselho Britânico, onde, aí sim, havia uma excelente biblioteca com números recentes de jornais e revistas ingleses além de livros recém-lançados na Inglaterra, muitos deles de teatro.

Continuava morando na água-furtada em Ipanema de frente para a casa de Tom Jobim. Uma noite passei por uma horripilante experiência no campo do terror. Tudo porque a vila de casas ao lado direito tinha sido posta abaixo para a construção de um edifício de apartamentos. Uma madrugada fui despertado por uma invasão de ratazanas enlouquecidas atrás de alimento. Despertei ao som e fúria de ruídos e grunhidos. Acendi a luz e não acreditei no que via. Se aquilo não fosse tão real eu pensaria tratar-se de feitiçaria. Ratos enormes correndo uns atrás dos outros, literalmente subindo nas paredes, fazendo inclusive balouçar a manga de meu único paletó pendurado num prego atrás da porta. Sacudi a manga na certeza de que ia sair um rato, e saiu. Fui à cozinha e ao banheiro, onde ratos famélicos devoravam sabão, sabonete e pasta de dente. Porque, de alimento mesmo, como de praxe, não havia nada em casa. Eu não tinha geladeira (e nem televisão). Eu, que mais por nojo que respeito à vida não matava nem barata, que ali na mansarda também não faltava, arrepiado, peguei a vassoura e fui tocando porta afora os ratos. Pensando ter tocado fora a última ratazana, exausto, suando em bicas, tomei uma ducha fria e voltei para a cama. Luz apagada, recomeçaram os ruídos e grunhidos. Acendi o abajur e vi rato perseguindo rato subindo a perna da cadeira. Pulei da cama, abri a porta e com a vassoura fui tocando. Não era possível! Ao todo contei uns dezoito ou mais. Era madrugada. Vestido para sair, fechei a porta e desci as escadas. Não sentia coragem de tocar a campainha da minha irmã, que morava no prédio ao lado da casa de Tom. Despertar meu cunhado àquela hora? Não tinha coragem. Caminhei até a Rua Visconde de Pirajá e fiz sinal para um dos raros ônibus que circulavam na madrugada. Contei a situação ao motorista e ele permitiu que eu dormisse no último banco nas várias idas e vindas Muda-Leblon até o amanhecer, quando fui aconselhado a telefonar à Saúde Pública. Telefonei e, milagrosamente, logo vieram e pulverizaram a mansarda e a escadaria do prédio com um veneno tão intoxicante e efetivo que não só afastou definitivamente os ratos como quase expulsou os moradores e só não me envenenou porque fui passar uma semana no sítio de tia Cecena (irmã de papai) e de meus primos, em Jacarepaguá. Mas essa coisa de rato no Rio não foi só comigo. Naqueles dias um jornal noticiara que uma senhora fora mordida na panturrilha por um rato durante a matiné no recém-inaugurado Cine Bruni-Flamengo.

44

Todo mundo se conhecia

É fantástico como nessa época não se ligava pra dinheiro. E nós, artistas pobres, uma vez que também pertencíamos à classe artística, tínhamos o privilégio de conviver com as estrelas, às vezes até numa intimidade de praça. A Praça General Osório, por exemplo. Uma tarde eu ia começar a atravessá-la quando ouvi, vinda do outro extremo, uma voz chamando "Bivar!". Virei para ver de quem era a voz maviosa e quase caí duro. Era Leila Diniz, que estava sendo fotografada para a capa da *Fatos & Fotos*. Leila, musa não só de Ipanema mas do Brasil inteiro desde o estouro de *Todas as mulheres do mundo* (o ótimo filme de Domingos de Oliveira por ela estrelado)! Leila me (re)conhecia e gritava meu nome ali na praça! Era a glória. Modesto e até meio caipira, ainda que sofisticado pela própria natureza, ainda não me sentia à vontade na glória. Mas o fato era que todos fazíamos parte de uma verdadeira comunidade. Todo mundo se conhecia.

Era época do Festival Internacional da Canção, no Maracanãzinho. As atrações internacionais hospedavam-se pelos hotéis de Copacabana. No Copacabana Palace tive a ousadia de convidar Quincy Jones para assistir ao show *Comigo me desavim*, de Maria Bethânia, no Teatro Miguel Lemos (o mesmo onde *Gildinha Saraiva* fora encenada). Quincy topou e fomos de táxi, eu no banco ao lado do motorista e, no banco de trás, Quincy, a loura sueca que ele namorava, e Patty Austin, cantora de dezessete anos que ele trouxera para se apresentar no festival. Outra noite, no Gôndola, saímos todos para aplaudir o Jacques Brel, vindo de sua atuação no festival e entrando no hotel que ficava exatamente em frente ao Gôndola. Aplaudido, Jacques Brel nos acenou e entrou no hotel. Sozinho.

Cordélia Brasil, a peça que eu vinha escrevendo desde 1966, estava pronta e inscrita no Primeiro Seminário de Dramaturgia do

Rio de Janeiro, patrocinado pela Secretaria de Turismo. Eram muitos os autores e dois os prêmios, com patrocínio de montagem. Um prêmio era para autor já encenado, e o outro, para autor inédito. Eu me considerava autor inédito, mas por causa de *Gildinha Saraiva*, fui posto entre os já encenados. As peças tinham leituras abertas ao público, e cada autor, sua torcida espontânea ou organizada. Dos que torciam pela minha peça faziam parte, entre outros, Célia Biar, Rosita Tomás Lopes, Luiza Barreto Leite e Oduvaldo Viana Filho. As leituras públicas de cada peça eram ensaiadas, cada uma com seu diretor e elenco, e levadas nos palcos dos teatros disponíveis. Na fase das finalistas as plateias ficavam sempre lotadas. Minha peça, *O começo é sempre difícil, Cordélia Brasil, vamos tentar outra vez*, foi lida por Thelma Reston, Hélio Ary e Fauzi Arap, que também dirigiu a leitura. A leitura foi num sábado à tarde no Teatro Santa Rosa. O público se surpreendeu e a peça foi muito aplaudida. As finalíssimas eram votadas por júri formado por críticos e especialistas. Dos autores inéditos venceu José Wilker com *Trágico acidente destronou Teresa*. Na leitura a jovem Renata Sorrah interpretou a Teresa do título. A peça de Wilker era sobre concurso de miss. Dos autores já encenados, João das Neves foi merecidamente o premiado. Sua peça *O último carro* era um texto épico, poético, inteligente, de forte mensagem social. Minha peça tirou o segundo lugar e a de Millôr Fernandes, o terceiro. Senti-me envergonhado por ter desbancado Millôr, autor já há muito consagrado. Confesso na hora não ter entendido quando Luiza Barreto Leite ao me cumprimentar, disse, entusiasmada: "Você é um humorista; Millôr é um piadista". No meu entendimento ainda não totalmente esclarecido, humor e piada eram sinônimos. Mas, de todos os cumprimentos recebidos o que mais me tocou foi o de Oduvaldo Viana Filho. Jovem, pouco mais velho que eu, mas já consagrado como ator e autor de peças políticas de sucesso no Teatro de Arena paulista e no Teatro Opinião carioca. No ano seguinte ele seria um dos produtores da minha peça.

45

O começo difícil em meio à confusão geral

Fui passar uns dias com a família em Ribeirão Preto. Nessa visita meu irmão Leopoldo insistiu para que eu conhecesse José Vicente, um novo amigo que, segundo ele, era muito parecido comigo. Coisa de alma gêmea, disse meu irmão. De fato. José Vicente e eu nos tornamos grandes amigos desde o instante da apresentação. Além do quê, meu pai e seu Pedro, pai de José Vicente, também eram amigos. Ambos eram músicos de talento que não seguiram a profissão. Gostavam de papear no bar de seu Pedro entre um e outro moderado gole de cachaça. De modo que minha amizade com José Vicente tinha certo aval familiar. Seis anos mais jovem que eu, José Vicente trabalhava como vendedor de remédios de um laboratório famoso e estudava para prestar vestibular em Filosofia, na USP, em São Paulo, e escrevia desde os tempos do seminário em Minas. Leopoldo o achava um gênio. Não só pelo que José Vicente escrevia, mas pelo que pensava e dizia. Seu raciocínio ao mesmo tempo revoltado e rascante de humor afiado fazia dele um original. Identifiquei-me mais com seu humor do que com sua revolta, embora esta por vezes me parecesse absurda, portanto engraçada, revolta sincera contra o sistema injusto-escravizante. Meu entusiasmo pelo teatro fez com que ele também se entusiasmasse. Foi ao Rio pela primeira vez, me visitar, e levei-o para ver *Volta ao lar* brilhantemente dirigida por Ziembinski, que também interpretava, ao lado de Fernanda Montenegro e Sérgio Brito. José Vicente impressionou-se com a audácia do texto de Harold Pinter, dizendo que aquilo o liberava para ir ainda mais longe. Em São Paulo, onde já cursava o primeiro ano de filosofia, começou a escrever suas primeiras peças, duas ao mesmo tempo: *Santidade* e *O assalto*. Na primeira oportunidade apresentei-o a Fauzi Arap, que instantaneamente apaixonou-se por sua personalidade e por suas peças. Fauzi empenhou-se no projeto de dirigir e lançar o maior e mais ousado gênio da moderníssima dramaturgia brasileira, que além do mais tinha só 22 anos.

A essa altura voltava de um ano na Europa o Emílio di Biasi. Além de comprovadamente um dos melhores atores da nova geração, Emílio, que estudara e vira tanta coisa revolucionária lá fora, agora, mais que interpretar, queria dirigir. Nas nossas caminhadas noturnas recheadas de ideias entre Copacabana e o Jardim de Alá, insuflei-o a dirigir minha peça. Emílio até que topava, mas, e a produção?

Norma Bengell – nessa época estrela do cinema italiano – acabava de retornar das filmagens de um *spaghetti western* italiano rodado na Espanha, no qual contracenou com Joseph Cotten (no passado um dos atores favoritos de Orson Welles) e Jean Sorel. Durante as filmagens Norma tornara-se amiga de Gilda Grillo, que fora entrevistá-la para a revista *Realidade*. A partir daí Gilda se tornaria uma espécie de guia da nova fase da carreira de Norma. Linda, loira, inteligente e chique, Gilda vinha de uma quilometragem de fina educação. Ainda muito jovem estudara teatro em Paris e na volta fora namorada platônica de Paulo Francis, namoro nascido da paixão de ambos pela ópera. E Norma, que já era bem moldada, e não só pela própria natureza, aos 34 anos tinha ainda todo um diamante bruto a ser lapidado. Orientada por Gilda, Norma estava determinada a voltar a fazer teatro no Brasil. Procurei Norma e Gilda. *Cordélia Brasil* era o veículo perfeito para a volta de Norma Bengell ao teatro. Apresentei-lhes para a direção o Emílio di Biasi. Elas, a princípio, relutaram – Norma era uma estrela consagrada e Emílio (ainda) um pretendente a diretor. Mas nos próximos encontros, nas conversas com Emílio, sentiram firmeza e toparam. Mas – e quem produziria? Daí surge Luís Jasmim. Belo, figura de príncipe e artista plástico. Afamado como retratista na técnica do bico de pena e nanquim, nas suas longas temporadas europeias, para ele haviam posado figuras de destaque, estrelas de cinema e damas da aristocracia e da nobreza. Luís Jasmim também era talentoso na autopromoção. Não fazia muito tempo a revista *O Cruzeiro* publicara uma reportagem de várias páginas e fotos com Jasmim e Regina Rosenburgo cofiando o bigode de Salvador Dalí, ele sim o maior *self promoter* de todos os tempos. Jasmim e Rosenburgo haviam chegado a Dalí, e o papa do surrealismo de bom grado os abraçou. E agora de volta ao Brasil, com o propósito de se lançar no palco, ele escolheu minha peça como veículo. Norma Bengell, acostumada a contracenar com atores de verdade e de peso na Europa, entre eles o Alberto Sordi, relutava. Atuar com um amador, mesmo que o amador fosse Luís Jasmim, seria arriscado. Gilda a convenceu, mesmo porque Jasmim entraria na produção investindo dinheiro da própria conta bancária.

Então já tínhamos peça, meia produção, diretor, atores – até o adolescente para o papel de Rico já estava escolhido, Paulo Bianco, de dezessete anos, surfista, filho do pintor Enrico Bianco, e que vinha de desempenhar papel de filho de Norma e Jardel Filho no filme *Antes, o verão*, rodado havia meses. Faltava o principal, que era encontrar teatro e a parte primordial da produção, ou fosse, alguém realmente do ramo. Foi aí que entrou Oduvaldo Viana Filho, que gostava de minha peça desde sua leitura no Seminário de Dramaturgia.

Com a entrada de Vianinha na produção, *Cordélia Brasil* passou a ter os seguintes produtores: Gilda Grillo, Luís Jasmim e o Teatro do Autor Brasileiro (formado por Oduvaldo Viana Filho, Dias Gomes, Gianni Ratto, Armando Costa e Sergio Fadel, companhia cuja intenção era montar só autores brasileiros). A primeira peça do TAB, *Dura lex sed lex no cabelo só gumex*, do próprio Vianinha, já estava em cartaz, no Teatro Mesbla. Ficou decidido que a segunda peça, no mesmo teatro, e pelo mesmo TAB, seria *Cordélia Brasil*, a estrear em março, depois do carnaval. O texto foi encaminhado à Censura Federal. Confiantes de que a peça seria liberada, começamos os ensaios no Teatro Mesbla, à tarde. E a imprensa passou a dar cobertura. A essa altura o regime militar entrava em seu quarto ano. Protestos de tudo que era lado, o país pegava fogo. O mundo pegava fogo. Revoltas estudantis, reivindicação de direitos, a contracultura galopando, o poder jovem contra o conservadorismo classe média, a explosão das artes pelo método faça você mesmo, as canções de protesto, a música pop, o LSD e os experimentos psicodélicos, a Tropicália, os hippies não só em São Francisco e Londres, Paris, Amsterdam, Nova York, Washington, mas também no Brasil, no Rio, em São Paulo, na Bahia, em Brasília... 1968 seria, aqui também, um ano divisor de águas. Repressão, manifestações, greves operárias, uma facção da Igreja a favor e outra contra, o assassinato no Rio, por um PM, do estudante Edson Luís, dezoito anos, que participava da manifestação pela reabertura do restaurante estudantil Calabouço (onde até não fazia muito tempo eu mesmo almoçava). O velório de Edson, na Câmara, e o sepultamento envolto na bandeira do Brasil, seguido da greve nacional dos estudantes e da Passeata dos Cem Mil, que teve a linha de frente formada pelas mais consagradas estrelas do palco e da tela, e intelectuais, artistas e principalmente estudantes, todos com palavras de ordem, canções e faixas clamando por uma abertura democrática. Direita e esquerda entram em guerra. A direita armada com metralhadoras e as chamadas bombas de efeito moral; a esquerda com coquetel molotov, pedras e paus. Moças de minissaia também eram agredidas com violência pelos milicos. E mais para frente o Ato Institucional número 5 (AI-5) impondo poderes totais de repressão, intervenção, cassação, suspensão de direitos, demissões, prisões, reforma e confisco, tudo submetido aos imperativos da Segurança Nacional. Milhares de pessoas eram presas, inclusive o ex-presidente JK, Carlos Lacerda (ex-governador do Rio) e até o marechal Teixeira Lott.

No meio da fuzarca, a Censura Federal, que já vetara umas quarenta peças, veta mais três. Do jornal *O Estado de São Paulo* (7.3.1968): "O Departamento de Polícia Federal anunciou ontem a decisão do diretor do Serviço de Censura, sr. Manoel Felipe, de interditar as peças *Barrela*, *Santidade* e *O começo é sempre difícil, Cordélia Brasil, vamos tentar outra vez*, respectivamente dos autores Plínio Marcos, José Vicente e Antonio Bivar, todas por conterem expressões pornográficas e serem consideradas imorais. *Barrela* contém 127 palavrões ou expressões de baixo calão. O tema central da peça é uma noite de sete presos numa cadeia brasileira. Um dos presos é acusado de homossexual pelos demais. Ao chegar novo prisioneiro, um rapaz rico, o homossexual, para provar sua masculinidade, é forçado a ter relações com ele. Todos os demais se utilizam do rapaz; *Santidade* contém 63 expressões de baixo calão. O enredo da peça é a vida comum entre dois homens. O pederasta ativo é um ex-seminarista. No meio da peça recebem a visita de um jovem padre, seu irmão. O visitante se vê atônito face ao mundo em que vivem os visitados. O ex-seminarista tenta corromper o irmão; *O começo é sempre difícil, vamos tentar outra vez* tem 43 expressões de baixo calão. Enredo da peça: um rufião e sua amante prostituta profissional, Cordélia, que leva para casa um cliente adolescente de dezesseis anos. Os diálogos, acentuam os censores, são de uma amoralidade sem precedentes na dramaturgia brasileira. Expulsos da casa por Cordélia, que ameaça transformar sua casa num bordel, os dois fogem para um navio levando uma granada que explode, matando-os. Cordélia suicida-se tomando um vidro de Gardenal".

O ministro da Justiça, sr. Gama e Silva, passou os três textos ao presidente da República, Marechal Costa e Silva. Este, indignado com o que leu (ou que leram para ele), é induzido a ir à televisão em horário nobre com as nossas peças. E frente às câmeras o presidente, indignado, lê o trecho já marcado da peça *Santidade*, de José Vicente, exatamente aquele em que o ex-seminarista tenta corromper o irmão padre, mandando-o largar a batina e tornar-se, ele também, um pederasta. Depois de ler o trecho, o presidente constrangido pergunta à Nação se esta também não concordava que o teatro estava indo longe demais e se a Censura Federal não tinha razão em proibir tais textos. Realmente. A maioria concordava. Mas José Vicente, pleno de juventude, sentiu-se orgulhoso por ter feito o presidente da República ir à televisão ler seu texto.

46

Como vencer a censura na ditadura

Das três peças proibidas, *Cordélia Brasil* era a única que já estava com os ensaios adiantados. Nessa época o Ministério da Justiça ainda funcionava mais no Rio que em Brasília, e toda vez que a classe teatral unida ia lá reivindicar junto ao ministro a imprensa ia atrás. Bastava Norma Bengell ir ao ministério pedir a liberação da peça para que a imprensa a seguisse para acompanhar o resultado. O ministro não cedia um milímetro, e Norma saía da sala com o rosto banhado em lágrimas. Enquanto fotografada, sua revolta explodia, e Norma desancava com a censura retrógrada e com a ditadura em geral, ameaçando levar a peça em praça pública mesmo que acabasse presa. Na manhã seguinte Norma aparecia em todos os jornais, destacada na primeira página. E não dava sossego ao ministro, telefonando a qualquer hora para cobrar a liberação da peça. E os ensaios continuavam, porque acreditávamos que o ministro acabaria cedendo aos apelos da atriz. Mas o ministro não cedia. Teatro, como qualquer política, não raro precisa apelar para o maquiavelismo para vencer a parada. Gilda Grillo teve uma ideia brilhante, ideia acatada no ato por Luís Jasmim: ele, como retratista de renome, pintaria o retrato da primeira-dama. Dona Yolanda Costa e Silva, que tinha um lado deslumbrado, adorou a ideia. E como ela ficava mais no Rio que em Brasília, Jasmim foi retratá-la em casa. A ideia de Gilda era que Jasmim, enquanto retratava a primeira-dama, fosse fazendo a cabeça dela para que ela intercedesse junto ao presidente de forma que este intercedesse junto ao ministro da Justiça para que a peça fosse liberada. Enquanto a primeira-dama posava para Luís Jasmim, Gilda Grillo, chique e desenvolta, convocou alguns nomes importantes das letras para assistirem a uma leitura da peça em uma cobertura na Avenida Vieira Souto, em Ipanema. Era a cobertura de

Danuza Leão, que de férias em Paris a alugara a Regina Rodrigues (namorada de Rubens de Araújo) que, por sua vez, a cedera para a realização da leitura. Os presentes eram o filólogo Antonio Houaiss, os escritores Antonio Callado, Diná Silveira de Queiroz, Otto Maria Carpeaux, o crítico teatral Yan Michalski, e Hélio Scarabotolo, ministro assessor direto de Gama e Silva. O uísque servido antes e durante a leitura era escocês legítimo. Do nosso grupo éramos Gilda Grillo, Norma Bengell, Paulo Bianco, eu e Emílio di Biasi, o diretor, que lia o papel de Luís Jasmim, que não pôde ir à leitura, ocupado que estava retratando a primeira-dama.

Eu, que não bebia, bebi para ficar mais relaxado diante da reação daqueles grandes nomes presentes à leitura de meu texto naquela cobertura elegante e na melhor geografia carioca. A leitura estava indo muito bem, com intervalo para prosear e encher os copos. No intervalo fui ao banheiro e dei com minha cara no espelho. Estava feliz, confiante. E veio-me o pensamento: eu, nascido num casebre aos pés da Mata Atlântica, crescido aos solavancos no interiorzão, cabeça-dura nos estudos, trabalhador braçal numa fábrica de cerveja, mal alimentado no Calabouço etc., agora estava lá, na Arcádia, com meu texto lido para aqueles deuses da intelligentsia! E a imagem refletida mandou que eu voltasse à sala, que ia começar o segundo ato. Ao final foi um sucesso. Houaiss, como filólogo que era e recente tradutor do *Ulisses* de James Joyce, não fez ressalvas ao meu texto; Callado, encantado com a cena em que Cordélia enlouquece pelo sumiço de um camafeu que fora da avó, achou a ideia um achado e me perguntou de onde viera; com Diná uma conversa ótima. Contei-lhe que na adolescência tinha lido e gostado muito de seu romance *Margarida La Rocque* e sugeri-lhe que o livro fosse adaptado para teatro – seria uma espécie de *Entre quatro paredes* ao ar livre. Diná ficou surpresa. Gostou da ideia.

Nos dias seguintes as colunas sociais noticiavam o sucesso da leitura e as importantes presenças, todos favoráveis à liberação da peça. Não demorou e fomos avisados que o ministro conversaria não com a estrela da peça, mas com seu autor. Que fosse o autor sozinho e sem imprensa. Calor de março, entrei arrepiado no edifício ministerial, onde fui levado à sala do ministro. Quem me aguardava não era Gama e Silva, mas seu assessor direto, ministro Hélio Scarabotolo (que também estivera presente à leitura na cobertura de Danuza). Alto, simpático e bem-humorado, pareceu-me espontaneamente teatral, no melhor sentido. Sentindo-se diante de um tímido, logo me fez relaxar ao dizer que a peça seria liberada.

– Assim?! – exclamei incrédulo.

– Não. Não exatamente assim – respondeu o ministro. – A opinião pública merece uma satisfação, e sua peça não pode ser liberada enquanto as outras continuam interditadas.

– Como assim? – fiz não entender.

– Para que seja liberada é preciso que você faça algumas concessões.

– Quais?

– Dos 43 palavrões você concede cortar ou substituir seis.

– Quais?

– Sacana, por exemplo. Em vez de sacana, vamos pôr filho da puta.

– Mas filho da puta não é pior que sacana?

– Filho da puta é mais direto e menos sugestivo que sacana. Para os censores sacana sugere sacanagem, pornografia.

E por aí foi a reunião. Nem me lembro quais foram os outros palavrões truncados ou cortados. Eu mesmo não gostava de palavrão. Só os colocara na peça por causa do contexto e porque no teatro palavrão estava na moda.

A peça foi liberada. Deu no *Jornal do Brasil* (10.4.1968): “Só maiores de 21 anos verão *Cordélia Brasil*. O ministro da Justiça, sr. Gama e Silva, autorizou ontem à noite a encenação da peça de Antonio Bivar, que concordou em cortar seis dos 43 palavrões do texto, alterando ainda de dezesseis para dezoito anos a idade de um personagem e suprimindo a leitura da bula de um sonífero. A peça, que antes fora proibida para encenação em todo o país, está liberada para maiores de 21 anos. O teatrólogo achou razoáveis as modificações. É o seguinte o despacho do ministro Gama e Silva, liberando a peça de Antonio Bivar: ‘Havendo o autor da peça *Cordélia Brasil* deliberado substituir termos e expressões na referida peça, sem, contudo, desfigurar a temática do texto, e atendendo ao pedido de reconsideração apresentado pelo Teatro do Autor Brasileiro ao meu despacho de 13 do corrente, pelo qual neguei provimento ao recurso para encenar a peça, resolvo: 1) Autorizar a encenação da referida peça em todo o território nacional, proibida para menores de 21 anos, e com cortes, tendo em vista a concordância prévia do autor; 2) Determinar aos censores do Departamento de Polícia Federal o cumprimento do presente despacho".

Peça liberada, estreia marcada. Houve muito ti-ti-ti na classe teatral. Em entrevista a *O Globo* (15.4.1968), Norma "censurou o comportamento de Plínio Marcos, que, frisou, teve sua peça *Barrela* também censurada e se mostrou contra a liberação de *Cordélia Brasil*. Norma estranhou a atitude de Plínio, pois, disse a atriz, ele recebera antes todo o apoio do elenco de *Cordélia*, e agora se virava contra os amigos". No *Jornal do Brasil* a colunista Léa Maria em nota: "Dentre os que mais lutaram pela liberação de *Cordélia Brasil*, Barbara Heliodora, Diná Silveira de Queiroz, ministro Hélio Scarabotolo e Fernando Pimenta. Este grupo está sendo chamado de os advogados de defesa de Cordélia".

47

Vaidade, teu nome é Jasmim

Peça liberada, começa o frege. Norma, a essa altura fazendo parte da ala das estrelas militantes, achava mais importante estar nas manifestações que nos ensaios. Jasmim, já que livre dos ensaios, se autopromovia escandalosamente. Difundiu que apareceria nu em cena. A revista *O Cruzeiro* (30.3.1968) deu a capa a ele e Norma fotografados por Indalécio Wanderley com a grande chamada "O homem nu é imoral, Cordélia Brasil?". Dentro, matéria de cinco páginas, texto de Nilton Caparelli e fotos de Sérgio Rocha, que fotografou todos os entrevistados. A reportagem abria com uma foto inteira de Jasmim em nu frontal com o título em tarja "O homem nu é imoral?" cobrindo o sexo. Virava a página e aparecia foto de Nelson Rodrigues e a legenda "Acho de um cinismo gigantesco que se proíba a nudez no palco e se permita a nudez carnavalesca e praiana. Sei que no caso presente o problema é a nudez masculina. Será imoral a nudez masculina, e a feminina não?". A seguir a foto de Fernando Sabino, autor do romance *O homem nu* e a legenda "Deus criou o homem nu. A folha de parreira apareceu depois". Na reportagem Gustavo Corção mandava recado ao autor da peça e atores, que podiam contar com sua ausência; Maria Bethânia, a única mulher entrevistada sobre o assunto, em foto elegante, camisa branca amarrada em cima fazendo bustiê, calça branca *saint-tropez*, cabelos repartidos ao meio e presos em coque, cigarro na mão esquerda: "Não há imoralidade alguma num homem nu como também numa mulher nua. Homem nu é lindíssimo. Tão lindo quanto mulher nua. Além disso, acredito que a mulher carioca vai aceitar bem a inovação, e os homens, logicamente, farão muitas piadas. O autor tem que ter a liberdade de botar pra fora tudo o que vem à sua cabeça. E se o homem nu fica bem em certa situação na cena, que apareça o homem nu". Mas Sérgio Porto, que imaginava uma cena de morrer de rir, colocou um obstáculo: "É claro que não sou contra, mas na minha fototeca não darei chance aos homens". E Oscar Niemeyer: "Sou contra qualquer censura que limite a criação artística. Não sei se é fundamental no espetáculo a presença de um homem nu. Mas isso é problema do autor. O importante é que o público seja informado das peças em cartaz, a fim de que cada um escolha a que preferir". A reportagem encerrava com uma foto de página inteira de Norma, cigarro aceso entre os dedos e a legenda: "Norma Bengell não acredita na imoralidade da nudez masculina, porque nu é sempre belo. E cita o exemplo das antigas estátuas".

A verdade é que no meu texto não havia indicação de homem nu. E Luís Jasmim nem aparecia nu em cena. Mas continuava genial na autopromoção. A troco de curiosidade histórica, no mesmo número da revista, quatro páginas com o título "O novo cinema no mundo", texto escrito por Glauber Rocha. Mais adiante, entrevista exclusiva com Jean-Luc Godard, por Maurício Gomes Leite. Godard: "O meu ideal era fazer cinema amador, e se não faço é porque meu próximo filme deve sempre pagar o anterior". Ainda nesse número de *O Cruzeiro*, a página semanal de Ziraldo com *Jeremias, o bom*, e Henfil. *O Pasquim* seria lançado no ano seguinte.

48

Finalmente a estreia (e as críticas)

Norma, por temperamento, era uma atriz vulcânica. A Jasmim, cuja bela presença cênica era inconteste, faltava traquejo de palco e sua atuação era lânguida. De modo que não havia química entre ele e Norma. A animosidade entre os dois era apaziguada por Gilda, que cuidava de Norma, e Newton Goldman, o *personal caretaker* de Jasmim. Sobre a diferença entre o público dele e o de Norma, Jasmim dizia:

– Vê se a Teresa Souza Campos vem ver a peça por causa *dela*; ela vem por MINHA causa.

Autor estreante, eu me via forçado a ficar calado, mesmo não concordando com o cenário e a trilha sonora. Alguns dias depois da estreia, terroristas de direita soltaram bombas de gás lacrimogênio na plateia e foi um horror. Se bomba de gás já é um sufoco ao ar livre, imagine entre quatro paredes. Norma viu na coisa motivo para dramatizar ainda mais sua interpretação e levar o espetáculo até o fim. Teatro lotado, Norma conseguiu prender a plateia, ninguém ousou sair. Só Maria Clara Machado. Eu, que assistia a tudo dos fundos, vi Maria Clara saindo às pressas e se desculpando que, daquele jeito, naquela atmosfera tóxica, não dava. E não dava mesmo. Não sei como os outros aguentaram. Aguentar fazia parte do espírito da época.

Quanto ao texto, as críticas foram todas boas, a maioria até bastante entusiasmada: Fausto Wolff (*Tribuna da Imprensa*): "Bivar possui uma força poética extraordinária e uma contundência poucas vezes vista entre nossos autores". Van Jafa (*Correio da Manhã*): "O talento nascente do jovem dramaturgo Antonio Bivar é inconteste. Flagrantizou a furiosa necessidade de afirmação e registro que as criaturas têm na passagem por este velho e selvagem mundo. Este aspecto, o mais fundo da peça, nos leva a Santo Inácio de Loyola quando afirma: 'Já que vivemos tão pouco, façamos algo para afirmarmos que existimos'. Cordélia Brasil ficaria lembrada por uma fotografia, nua, como veio ao mundo. *Cordélia Brasil* é uma peça essencialmente moral". Tite de Lemos (*O Globo*): "É estimulante o aparecimento de uma peça como *Cordélia Brasil* no quadro de uma dramaturgia desvitalizada onde pontificam as contrafações de modelos sociológico-políticos, por um lado, e os pobres exemplos de subserviência a um realismo que era o último grito nos idos do século passado. No mundo de Bivar, onde o trágico passa por banal, morre-se por um cigarro que alguém roubou". Yan Michalski (*Jornal do Brasil*): "À medida que o desfecho se aproxima, Bivar introduz um surpreendente elemento de fantasia que cresce e se expande com enorme rapidez a ponto de acabar por sobrepor-se inexoravelmente ao realismo. E a facilidade com que Bivar consegue passar do realismo para a fantasia me pareceu constituir a mais evidente prova de seu talento. A saída final do personagem Leônidas se desenrola num clima de alucinada lógica sem lógica, que me fez pensar em *Pierrot le Fou*, de Godard; e o suicídio de Cordélia é, ao mesmo tempo, comovente e engraçado na sua cafonice. Bivar é o pensamento mais moderno do teatro brasileiro".

Cordélia Brasil ficou em cartaz no Teatro Mesbla numa temporada de três meses e meio, de terça a domingo, em nove sessões semanais. Nesse meio tempo, na minha água-furtada em Ipanema, eu escrevia uma nova peça com ênfase maior na fantasia embora mantendo aquilo que já era considerado meu estilo.

49

Estreia em São Paulo

Confinadas à prisão perpétua pelos crimes praticados, duas mulheres dividem a mesma cela de prisão em uma ilha isolada. De classes sociais diferentes, Heloneida é uma grã-fina de fino trato traquejada nas artes do eterno feminino, enquanto Geni é uma pobre coitada de origem humilde, que em outra fase da vida ficara conhecida por seus números de luta livre num circo. Na cela Heloneida é puro requinte enquanto Geni, por força da natureza, é uma genuína casca-grossa. A pequena cela onde estão confinadas, graças às artes de Heloneida, não dá a impressão de cela, mas de um recinto delicado, feminino e habitável. Além de matarem o tempo fazendo flores de papel crepom e contarem seus crimes, Heloneida e Geni também dividem o mesmo namorado, o único carcereiro da prisão, um bonitão simpático e viril que se diverte com as duas. Heloneida esmera-se na aparência, como nos tempos em que fora grande anfitriã. Geni, por sua vez, é desleixada mas muito autêntica. Seu jeito simplório fascina Heloneida, que a toma como um diamante bruto a ser lapidado com muita paciência e perseverança. Condenadas à prisão perpétua, Heloneida sabe que terá o resto da vida para educar Geni. Os muitos crimes cometidos por Heloneida, muitos dos quais apenas imaginários, crimes que ela conta para entreter Geni e o público, são crimes sofisticados. Quanto a Geni, o único crime por ela cometido, e pelo qual está presa, foi um crime real, passional: traída no amor puro que nutria pelo palhaço do circo, Geni perdeu a cabeça e incendiou o circo matando todo mundo, inclusive o público, razão pela qual está agora presa na ilha, onde, de fato, as únicas prisioneiras são ela e Heloneida. Heloneida adora a prisão. Nela descobriu sua verdadeira vocação, que é educar Geni. Esta, pouco se lixando para educação, anseia pela liberdade, voltar à vida lá fora, por pior que seja. A cela não tem nem janela gradeada, mas Heloneida resolve o problema pintando uma tela com paisagem marítima, para criar a ilusão de janela escancarada para um mundo de perfeita harmonia com a natureza e sem a presença humana. Heloneida odeia a humanidade com exceção de Geni e do carcereiro, os quais ela adora. De modo que pra ela a prisão é o paraíso; já para Geni, a prisão é prisão mesmo. Daí o carcereiro bonitão tem que deixá-las por ter sido convocado à uma guerra que está acontecendo no continente. É substituído por Azevedo, uma carcereira virago que, por uma extraordinária coincidência, no passado também fora lutadora no mesmo circo onde Geni era a lutadora-mor. Aconteceu que numa luta entre Geni e Azevedo, Geni dera-lhe um murro na boca fazendo-a engolir todos os dentes. Azevedo jurara vingança, mas daí o circo pegou fogo e ela perdeu Geni de vista, para reencontrá-la agora, vejam só, na prisão da ilha onde ela, Azevedo, é a nova e toda-poderosa carcereira, e Geni uma mera prisioneira a ela subjugada. Heloneida tenta pôr panos quentes, mas isso só faz sobrar também para ela. No que depender de Azevedo, Geni e Heloneida acabarão loucas antes do final da peça. Porque no fundo o texto deixa claro à plateia que tudo não passa de teatro.

Daí que eu estava concentrado escrevendo a peça quando chegou Fauzi Arap de uma de suas idas e vindas entre São Paulo e Rio. Ao ler a peça até onde eu a escrevera, Fauzi se viu, segundo suas próprias palavras, diante de uma "pequena obra-prima". Na crista da onda como diretor depois de dirigir Tônia em *Navalha na carne*, de Plínio Marcos, Fauzi fora convidado pelo produtor Sandro Poloni para dirigir em São Paulo o próximo espetáculo de sua mulher, a bela e consagrada Maria Della Costa. Fauzi viu em Heloneida o papel perfeito para Maria. *Abre a janela e deixa entrar o ar puro e o sol da manhã* era o título otimista que eu dera à peça. Fauzi decidiu que eu terminaria de escrever o segundo ato em São Paulo, enquanto ele ensaiaria o primeiro, no teatro que levava o nome da atriz. E fui para São Paulo. Fauzi, que morava com os pais e a irmã num apartamento de andar inteiro na Avenida Paulista, trancafiou-me no último dos quartos para eu escrever o resto da peça, de acordo com o que ele achava que deveria ser o desfecho. Minha criação, que até então fora prazerosa, livre e inspirada, agora, sob as ordens de Fauzi, sentia-se forçada a inserir um fator psicológico difícil de entrar na minha cabeça. E os dias passavam, eu trancafiado, e o desfecho que Fauzi queria que eu escrevesse não saía. E eu ali, sem nem poder acompanhar os ensaios do primeiro ato, que já transcorriam, com elenco formado e a produção caminhando. Além de Maria Della Costa no papel de Heloneida, o elenco contava com Thelma Reston como Geni, Jonas Mello como o carcereiro, e a deliciosa Yolanda Cardoso no papel da terrível (e cômica) Azevedo. Sandro, o produtor, aflito com o final da peça que demorava a chegar, pressionava Fauzi, que me pressionava. Finalmente escrevi o desfecho, o qual me pareceu um dramalhão inconcebível e indigno da comédia que era o intuito primeiro da peça. A estreia teve que ser adiada alguns dias até que a censura não encontrasse nenhuma mensagem subversiva nas entrelinhas. Na minha peça a subversão estava em sua própria existência, mas isso a censura não via, só queria ver o que não existia. E a peça só tinha um palavrão, "merda", que Geni dizia por Heloneida, que espetara o dedo com a agulha que bordava. Solidária, Geni dizia o "merda" pela amiga, que, fina, não dizia palavrão, nem "merda".

A estreia aconteceu em julho. Toda a classe teatral presente para ver a primeira montagem em São Paulo de um autor paulistano do qual já se tinha notícia pelas encenações cariocas. Fauzi era perfeito na direção de atores. Eu só não concordava com o cenário de Sara Feres. A cenógrafa ignorou minhas indicações no texto e criou um cenário de acordo com o que ela imaginava estivesse no subtexto. Na cabeça da cenógrafa a peça se passava não numa prisão, mas num hospício. De modo que o cenário era todo branco, e as grades eram tão separadas que por elas dava para passar toda uma legião de loucas. Sara não arredou pé até o ensaio geral, quando caiu a ficha e ela, sentindo o equívoco, desmaiou. Foi logo socorrida no pronto-socorro próximo ao teatro. Ainda assim, na noite da estreia o primeiro ato agradou geral. No intervalo uma atriz famosa veio me cumprimentar e convidar para jantar em sua casa para a gente conversar sobre eu escrever uma peça para ela. Já ao término da peça as reações foram esquisitas. A própria atriz havia sumido sem que o nosso jantar ficasse agendado. José Vicente me contaria depois que, à saída do teatro, Plínio Marcos, alto e bom som pra que todos ouvissem, disse: "Enquanto estamos lutando pelo arroz e feijão lá vem o Bivar com a sobremesa". Em vez de me sentir ofendido, gostei da tirada de Plínio. Entendi que ele não me incluía entre os da classe que reivindicavam arroz e feijão.

50

Rainha Elizabeth em São Paulo

Enquanto *Abre a janela* seguia carreira em São Paulo, no Rio *Cordélia Brasil* ia terminando a temporada. Oduvaldo Viana Filho ao se desligar da produção aconselhou Gilda Grillo a levar a peça a São Paulo. Vianinha entrou em contato com Augusto Boal, que ofereceu o Teatro de Arena para a temporada paulistana. Aí tudo passou a dar certo, desde a substituição de Luís Jasmim por Emílio di Biasi, que, além de diretor, era um ator brilhante, e a química entre ele e Norma era perfeita. Paulo Bianco topou continuar atuando no papel do adolescente, e a estreia seria dali dois meses. A produção toda ficaria por conta de Gilda Grillo. Daí chegou a hora de rumarmos a São Paulo e ao Teatro de Arena.

Norma, entrevistada pelo jornal *O Estado de São Paulo* na véspera da estreia: "Quando pus os pés na porta do Teatro de Arena tive vontade de voltar pro Rio. Nunca representei num palco circular e me senti inibida. Mas acho que minha experiência no teatro de revista ajudou muito. Depois de cinco minutos estava à vontade e já representava para as cadeiras. Sou uma atriz dramática por temperamento. Faço tudo com emoção. Em *Cordélia* [também] faço rir muito e acho mais difícil fazer rir que chorar. Às vezes penso que é Cordélia quem está fazendo Norma". Horas antes da estreia Norma concentrava-se no personagem fazendo questão absoluta de ela mesma varrer o teatro.

Sobre *Cordélia* no Arena conta Emílio di Biasi em sua biografia *O tempo e a vida de um aprendiz*, por Erika Riedel (Imprensa Oficial, 2010): "Encerrada a temporada no Rio, fomos para São Paulo, para o Teatro de Arena. Ali, Bivar e eu resolvemos mudar tudo. O Bivar já era um grande conhecedor dos movimentos musicais, desde o rock. Resolvemos buscar o que estaria mais na crista da onda e que se adequaria ao espetáculo".

Consegui convencer Emílio a substituir a trilha sonora das óperas de Gilda (da montagem carioca) por músicas que eu, como autor da peça, tinha a certeza serem as do universo dos personagens: *The Doors*, *The Mothers of Invention*, Donovan, Jimi Hendrix e Shelby Flint. E Norma, num momento de felicidade na ação, cantava à capela o "Que será?" ("da minha vida sem o teu amor?"), antigo sucesso de Dalva de Oliveira.

Continua Emílio: "No Teatro de Arena, inicialmente, de cenário precisávamos apenas uma cama, uma cadeira de balanço, uma penteadeira e um baú. De figurinos, os atores usavam suas próprias roupas, as mais surradas. A única coisa que trouxemos da montagem carioca foi a grande fotografia de uma mulher nua sem cabeça, a foto terminava no pescoço. O Teatro de Arena, na realidade, era elisabetano, tinha uma parede no fundo e ali penduramos a foto (coberta durante o espetáculo, só aparecendo no final). Depois que Cordélia expulsa o marido e o garoto, ela se mata. Em seu monólogo final, diz: 'Pelo menos deixei a marca de minha passagem pela terra, a minha fotografia'. A coisa da foto nua sem o rosto era uma tremenda ironia. Outra mudança é que entre uma cena e outra resolvemos fazer pequenas cenas. Uma delas mostrava o marido e o garoto fazendo bolinhas de sabão, uma cena poética, muito bonita, as pessoas adoravam. E pedíamos a participação do público para que também soprassem as bolinhas. Outro momento fantástico era quando Cordélia entrava toda feliz, dizendo que ganhara um monte de dinheiro de um cara e que poderiam fazer uma festa. Entrava uma música e a gente tirava as pessoas da plateia para dançar na festa. Enfim, o espetáculo mudou completamente. Ficou muito mais próximo do público, havia essa comunicação inclusive física. Fez um puta sucesso. Todos os famosos iam nos assistir. Uma noite apareceu Maysa. Eu era fanático por ela. Quando ela foi nos cumprimentar no camarim, fiquei completamente sem ação, mudo, sorrindo feito um bobo".

No Teatro de Arena Norma levava o público para onde seu personagem ia. Sua atuação era algo até então não visto nos palcos brasileiros. Os rompantes de Cordélia, sua ciclotimia, uma hora batia a porta na cara do público como se o esbofeteasse por tê-la aplaudido em cena aberta, e repentinamente, numa guinada de bem com a vida, o personagem inventava uma festa e convidava esse mesmo público a dançar. Norma nunca saía do personagem, nem quando avistou Vanderléa na plateia com o rosto ainda banhado em lágrimas pela emoção da cena anterior. "Olha a Vanderléa na plateia!" E aí a peça virava comédia e Norma/*Cordélia* fazia o Emílio tirar Vanderléa para dançar. E a plateia mais uma vez se esbaldava em aplausos. E aplausos de pé no final. Gilda na coxia vibrava.

Nosso grupo se hospedava no Hotel Amália, na Rua Xavier de Toledo, a uma caminhada de dez minutos do teatro. Nele também se hospedava o elenco carioca de Paulo Autran, em cartaz na cidade. O hotel ficava a meia quadra da Biblioteca Municipal Mário de Andrade e a quarteirão e meio da Galeria Metrópole. A Galeria Metrópole era o que de mais moderno havia no centro de São Paulo. Desde a arquitetura até suas livrarias, bares, boates, restaurantes, casa de chá e o magnífico Cine Metrópole. Frequentada por uma fauna heterogênea, a Galeria Metrópole de um dia para outro passou a ser invadida pela polícia montada que entrava a galope agitando ainda mais o agito e levando alguns presos, não necessariamente presos políticos.

A rainha Elizabeth e o príncipe Philip em viagem ao Brasil estavam com visita marcada para São Paulo. Para deixar a cidade apresentável para a visita real, o prefeito mandou a polícia limpar as ruas por onde a rainha passaria. A polícia e suas viaturas repentinamente deram sumiço em mendigos, prostitutas, marginais e na gentalha que circulava pela área na costumeira batalha diária. Só voltaram às ruas depois que a rainha foi embora. Daí tudo voltou à bagunça de sempre. Aquilo me deu a ideia para escrever uma peça sobre o episódio, *A passagem da rainha.* Durante a visita soubemos que a rainha, o duque e o séquito, antecedidos pela polícia montada, passariam à tarde pela Rua Xavier de Toledo, em frente ao nosso hotel. Fomos todos para o balcão de Norma aguardar a passagem. A rainha e o marido vinham no banco traseiro do Rolls-Royce conversível, capota baixada por causa do calor de outubro. Rainha à esquerda e o marido ao lado. No seu conhecido estilo a rainha acenava de leve como que vendo tudo e fazendo vista grossa. Quando o cortejo passava sob o nosso balcão, surpreendido por um detalhe inusitado, chamei a atenção dos outros: por causa do calor, a rainha tirara os sapatos e estava descalça, massageando um pé com o outro! O povo que assistia da calçada só enxergava Elizabeth dos ombros para cima, mas nós, no balcão da Norma no terceiro andar, a vimos descalça! Tão nobre e ao mesmo tempo tão humana!

51

NORMA BENGELL SEQUESTRADA

Estava com duas peças em cartaz na cidade, cada uma com sua estrela: Maria Della Costa em *Abre a janela*, e Norma Bengell em *Cordélia Brasil*. Pelas duas peças eu receberia todos os prêmios de Melhor Autor de 1968 em São Paulo. O Prêmio Molière (da Air France) por *Abre a janela*, e os prêmios Governador do Estado e APCA por *Cordélia Brasil*. Norma Bengell, por *Cordélia Brasil*, recebeu o prêmio Governador do Estado como Melhor Atriz.

Durante a temporada de *Cordélia Brasil* em São Paulo, Emílio, Paulo Bianco e eu, os três homens do grupo, tínhamos a função de escoltar Norma e Gilda na caminhada do hotel ao teatro e depois do espetáculo a algum restaurante onde íamos jantar. Norma era reconhecida por admiradores, mas também acontecia de ser agredida verbalmente por jovens fascistas procurando encrenca. Durante a temporada tirei uns dias para visitar a família no interior. Uma noite na casa de meus pais, eu já dormia quando fui despertado pelo pessoal do espetáculo *Feira paulista de opinião*, que naquela noite atuara em Ribeirão Preto. Vieram me avisar que tiveram notícia do sequestro de Norma em São Paulo. Ofereceram-me carona na Kombi, e fui com eles noite adentro estrada afora até a capital.

Em sua biografia, conta Emílio di Biasi: "Um dia Norma me liga e pede que eu vá buscá-la no hotel e a leve ao teatro. Fui. Quando saíamos do hotel aparece um grupo de homens de terno que dizem: 'A senhora vem conosco'. Norma se recusou e eles insistiram. Dissemos a eles que tínhamos que ir para o teatro fazer o espetáculo. Norma, Paulo e eu reagimos fisicamente, mas eles agarraram Norma e nos deram uns golpes de caratê. Num dos golpes voei pro meio do asfalto e Paulinho voou pro outro lado. Jogaram Norma num carro e foram embora. Ainda caído consegui memorizar a placa do carro, mas era placa fria. Paulinho e eu fomos para o teatro porque estava quase na hora do espetáculo. Estava cheio de gente. Cheguei enlouquecido e falei com alguém da administração: 'Suspende o espetáculo porque levaram a Norma'. 'Como?' 'Não sei. Não eram militares.' A primeira ideia que me veio foi falar com Cacilda Becker. Cacilda, a grande dama do teatro, era líder absoluta da classe teatral. Além de grande atriz era uma pessoa de grande generosidade e comprometimento com o pessoal do teatro. Quando cheguei lá, ela logo perguntou o que tinha acontecido. Contei. Cacilda passou a noite inteira telefonando para todas as pessoas que conhecia. Ligou para o governador, para várias autoridades, para todo mundo. E a madrugada toda nessa tensão, até que pela manhã alguém telefonou e avisou que Norma tinha sido levada para o Rio de Janeiro, mas que iam colocá-la num avião de volta. Nessa altura a classe toda já tinha se mobilizado. A imprensa toda agitada".

Na manhã e tarde seguintes, fotos de Norma nas primeiras páginas em grandes manchetes "Norma Bengell sequestrada". E no outro dia, ocupando toda a primeira página do *Jornal da Tarde*, outra linda foto da atriz e a enorme manchete "Norma Bengell continua desaparecida". Parecia um pôster. Dois dias depois Norma estava de volta ao Hotel Amália, e a imprensa foi convocada para uma entrevista coletiva. O salão social ficou repleto de jornalistas e fotógrafos além de colegas de teatro e curiosos. No sofá, Norma ficou sentada entre Cacilda Becker e eu. Ao lado de Cacilda, Nídia Lícia, outra grande dama do teatro. De pé, atrás do sofá, Walmor Chagas, marido de Cacilda, e Gilda Grillo. E Norma, com rosto abatido e olhos inchados, contou que fora levada para o Segundo Exército no Rio de Janeiro. A justificativa para o sequestro e a seguida liberação foi que tudo havia sido um grande equívoco.

Continua Emílio: "Continuamos com a temporada, mas o público assustado e temeroso foi diminuindo, e nós também estávamos em pânico. Durante o espetáculo havia som de bomba do lado de fora e até carro incendiado propositalmente à porta do teatro. Passamos a andar escoltados. Esse sequestro foi o primeiro de uma longa sequência. Começava a grande repressão".

Devido a compromissos anteriormente acertados, *Cordélia* ainda excursionou por algumas cidades do interior de São Paulo.

Em Ribeirão Preto inaugurou o Teatro Municipal. Na cena da festa, Norma tirou meu irmão Leopoldo para dançar. E a peça encerrou carreira no Teatro Marília, em Belo Horizonte. No dia de folga fomos conhecer Ouro Preto.

52

De volta a Ipanema

Começava o ano de 1969. Devolvi ao locador a água-furtada que fora meu *pied-à-terre* nos últimos cinco anos, mas continuei em Ipanema. Primeiro fui hóspede temporário de duas grandes amigas, a psicanalista Clare Isabella Paine e a jornalista e dramaturga Isabel Câmara. Isabel apresentou-me um jovem mineiro, alto, inteligente e tranquilo, que trancara a matrícula na faculdade por estar mais interessado em aderir à luta contra a ditadura. Adriano Fonseca Filho não devia ter mais que 21 anos. Alugara apartamento em uma vila na Rua Rainha Elizabeth, a meio quarteirão do trecho da praia de Ipanema conhecido por Castelinho. Era um apartamento térreo num prédio antigo de três andares. Adriano dividia o apartamento com Andrea Tonacci, jovem cineasta paulista. Havia um quarto vago e Adriano convidou-me a ocupá-lo e dividir o aluguel. Topei na hora. Adriano, que estava só aguardando a hora de entrar para a luta armada, propôs produzir comigo minha peça *Abre a janela*, inédita no Rio. Adriano nunca produzira nada e eu jamais me imaginei produtor. Emílio di Biasi topou dirigir a peça e fomos falar com Célia Biar e Rosita Tomás Lopes, grandes atrizes com as quais havia dois anos Emílio atuara numa peça de Joe Orton. As duas, que naquela época fizeram parte da torcida de minha peça *Cordélia Brasil* no seminário de dramaturgia, se entusiasmam com o convite de Emílio para atuarem na montagem carioca de *Abre a janela*. Adriano entrou com parte do dinheiro (conseguido com a família) e a outra parte consegui fazendo empréstimo num banco. Como produtores teríamos que arcar com tudo, pagar diretor, atores, cenógrafo, cenário, figurinos, anúncio nos jornais etc. Tivemos a sorte de conseguir o Teatro Gláucio Gil, em Copacabana, o qual por ser da prefeitura não cobrava aluguel, levava apenas uma porcentagem da renda bruta.

Sobre a montagem carioca de *Abre a janela e deixa entrar o ar puro e o sol da manhã*, conta Emílio di Biasi em sua biografia: "No elenco, como as prisioneiras, minhas queridas amigas Célia Biar (como Heloneida, a grã-fina) e Rosita Tomás Lopes (como Geni Porreta, a lutadora povão). Célia e Rosita, comediantes com humor único e muito semelhante ao meu e ao de Bivar, eram perfeitas para os personagens. Para viver a carcereira Azevedo, precisávamos de uma atriz que tivesse esse mesmo tipo de humor. Escolhemos Maria Gladys, que fisicamente não tinha nada do que se imagina de um carcereiro, mas Gladys vinha com uma violência enérgica e sádica hilária. Azevedo dizia uma frase na peça que virou bordão: 'No que depender de mim vocês vão acabar loucas'. Já o carcereiro, tinha a aparência real de um carcereiro, mas com toda a delicadeza no trato com as prisioneiras. Também nesse papel tivemos o ator ideal, esse coração de bondade que é o Roberto Bonfim. Todos com absoluta compreensão do humor que buscávamos". Sobre o cenário, conta Emílio: "O cenário belíssimo era de Joel de Carvalho. Palco sem cortina, você entrava no teatro e se deparava com uma enorme caixa cinza, pendurada como trapézio, no centro do palco. O espetáculo começava com essa enorme caixa sendo aberta por correntes, semelhante a uma ponte levadiça, com a tampa sendo projetada sobre a plateia. Essa imagem, bastante dramática, aos poucos ia revelando uma espécie de colorida caixa de bonecas. Durante o espetáculo o cenário ia sendo despojado desses elementos coloridos, revelando a crueza da cela, as grades de ferro, a passarela suspensa, o vaso sanitário, enfim, a cela em toda a sua realidade, realidade revelada ao público, mas não a elas, que continuam com suas reflexões fantasiosas numa recusa em reconhecer sua condição trágica e sua solidão. Como duas crianças brincando, tentando descobrir qual seria a missão do ser humano na terra".

Diretor, sem dúvida, explica melhor que o autor. Eu, que mal pudera acompanhar a montagem e a carreira paulista de *Abre a janela*, agora no Rio, por estar em casa, além de autor e coprodutor, pude participar mais de perto da nova encenação. A peça estreou em 6 de março de 1969, uma sexta-feira depois do carnaval. Rosita

Tomás Lopes, em entrevista: "A peça me apaixonou logo na primeira leitura. Bivar consegue, com um humor maravilhoso, com uma graça irresistível, penetrar fundo na alma humana. Sua imaginação esfuziante consegue fazer rir, comover e até assustar".

E a crítica?

Yan Michalski (*Jornal do Brasil*): "Se com *Cordélia Brasil* Antonio Bivar era uma promessa como autor, com *Abre a janela* essa promessa torna-se uma realidade. E Célia Biar comemora triunfalmente seus vinte anos de teatro com um lindo desempenho que me parece ser o melhor de toda a sua carreira. A encenação de *Abre a janela* apoia-se, decisivamente, no excelente cenário de Joel de Carvalho. O cenário, por si só, conta a história de Heloneida e Geni, as duas heroínas". Van Jafa (*Correio da Manhã*): "Célia Biar e Rosita Tomás Lopes estão nos melhores e mais sinceros desempenhos de suas carreiras". Eneida (*Diário de Notícias*): "É a melhor peça de Bivar. Seu texto encontrou grandes intérpretes, inclusive Maria Gladys com o autoritarismo natural dos carcereiros e Roberto Bonfim, que defende com charme e nonchalance o carcereiro bonitão namorado das prisioneiras. Parabéns ao belo cenário de Joel de Carvalho e à mais que perfeita direção de Emílio di Biasi".

Depois de cumprir carreira no Teatro Gláucio Gil, a peça excursionou. Primeiro ao Teatro Municipal de Niterói com Thelma Reston no papel de Geni substituindo Rosita, incapacitada de deixar o Rio. Thelma voltava ao mesmo papel que interpretara com sucesso na montagem paulista. E fomos para Brasília, no Teatro Nacional, e depois a Belo Horizonte, onde a peça encerrou a carreira no Teatro Marília. Em Belo Horizonte fui convidado a dar palestra aos estudantes do colegial, garotas e rapazes brilhantes e divertidos, que foram assistir à peça e no dia seguinte me levaram a um piquenique no pico de uma das montanhas que cercavam a cidade.

A essa altura, no Teatro Ipanema, direção de Fauzi Arap, cenário de Marcos Flaksman e interpretações de Rubens Correa e Ivan de Albuquerque, José Vicente estreava em grande estilo com *O assalto*. José Vicente surpreendia como o dramaturgo revelação de 1969, no Rio. Em São Paulo, no Teatro Aliança Francesa, era a vez de Leilah Assunção ser revelada como autora brilhante por *Fala baixo senão eu grito*, com Marília Pera e Paulo Villaça, dirigidos por Clóvis Bueno. A seguir seriam lançadas Consuelo de Castro e Isabel Câmara. Plínio Marcos, lançado em 1967, eu em 1968, e os outros em 1969, anos depois seríamos verbetados como os seis nomes na linha de frente da "nova dramaturgia brasileira".

53

A CONTRACULTURA NO MEU QUARTO

O LSD (Lyserg-säure-diäthylamid), ou ácido lisérgico, foi inventado em 1943 pelo químico Albert Hofmann (1906-2008) no laboratório Sandoz em Basle, Suíça, como instrumento para investigar a consciência humana. O escritor inglês Aldous Huxley foi dos primeiros a experimentar e escreveu a respeito. Com a explosão psicodélica na década de 1960, seu livro *As portas da percepção* era um dos mais lidos pela rapaziada antenada. Na década de 1950 o LSD era testado na Universidade de Stanford e (em 1959) o poeta beat Allen Ginsberg o experimentou. Em 1960, quando a onda ainda era nova, Ginsberg foi a Harvard conhecer o professor de psicologia, dr. Timothy Leary, que estava administrando LSD aos alunos. Em encontros subsequentes, Ginsberg e Leary começaram a planejar o que seria, segundo eles, uma "revolução psicodélica". Mais tarde Leary seria expulso de Harvard por conta do método não científico por ele usado. Leary foi considerado irresponsável por distribuir a droga entre estudantes sem monitorá-los durante a *viagem* e propagar seu uso a quem quisesse. Anos depois Ginsberg seria informado que os experimentos faziam parte de uma trama da CIA, cujos agentes esperavam que a droga pudesse eventualmente ser usada com propósitos investigativos. Até então o LSD não era considerado droga ilegal. Foi criminalizado pelo congresso em 1966. Mas aí já era tarde. O LSD foi o principal responsável pelo surgimento dos hippies, uma vasta facção da juventude que já vinha de uma identificação com o pensamento e o estilo de vida beat da geração anterior. Com a abertura das comportas, universitários largavam as faculdades ("turn on, tune in, drop out") para viver na prática a fantástica aventura da liberdade sem fronteiras. Com o LSD, além do visual surreal em distorções imprevisíveis, tipo uma insignificante folha de relva se destacar no matagal e ganhar proporção e significado amazônicos, ao viajante ainda era dado o dom de enxergar a aura do outro e sacar se o astral era alto ou baixo. O LSD ajudou a difundir o espírito comunitário e a contracultura. E todos tinham em quem confiar, uma vez que os heróis Huxley, Leary, Ginsberg e os Beatles, entre tantos outros, haviam experimentado e propagado.

No Brasil eram poucos os que haviam experimentado o ácido lisérgico. Dos meus conhecidos só Fauzi Arap e Joana Fomm, que haviam feito a experiência em 1966, com acompanhamento médico psiquiátrico. Fauzi contava as coisas fabulosas que o LSD lhe proporcionara em termos do conhecimento de si e dos outros. Meu complexo de inferioridade inflava por ainda não ter tido a oportunidade dessa experiência. Os poucos que no Brasil a haviam tido sentiam-se sem dúvida mais evoluídos e até superiores. Como não invejá-los? Daí aconteceu comigo aquilo que só podia acontecer comigo. Não precisei ir atrás do LSD, o LSD veio a mim.

Continuava dividindo o apartamento com Adriano e Tonacci. Tonacci começaria a dirigir seu primeiro filme, e Adriano dava os primeiros passos rumo a uma brecha na luta armada. Além de Carlos Marighela, o outro líder dessa luta era o Lamarca. De 1969, conta Darcy Ribeiro no livro *Aos trancos e barrancos* (Editora Guanabara, 1985): "O Capitão Lamarca larga o Exército acompanhado de um sargento, um cabo e um soldado, levando para a guerrilha três bazucas, dez metralhadoras, sessenta e nove fuzis e muita munição. Logo depois, numa ação espetacular, desapropriam, no Rio, o cofre em que a amante de Ademar de Barros guardava sua caixinha de cerca de dois e meio milhões de dólares. Na presidência da República, Costa e Silva é afastado, vítima de uma trombose. O próximo escolhido pela Junta Militar para presidir é o General Garrastazu Médici, comandante do III Exército e a peça militar mais forte, por ter sido diretor do SNI".

Dividindo o apartamento com Adriano e Tonacci, levei para dividir meu quarto um americano. David era um jovem californiano que eu conhecia de vista desde 1967. Na época David era o baterista da primeira banda psicodélica vinda diretamente da explosão *flower power* californiana no ano do "verão do amor" para se apresentar no

Rio e em São Paulo. *The Sound of San Francisco* era o nome da banda, formada por cinco rapazes e uma garota. Naquela turnê cheguei a ver um show do grupo no Rio, na PUC. O show tinha na iluminação a novidade de bolhas psicodélicas projetadas nos músicos e na parede. No Brasil, Gal Costa seria a primeira a usar a novidade em seu show. Aliás, os tropicalistas também cruzaram com *The Sound of San Francisco* em São Paulo. E agora, dois anos depois, David, o baterista da banda, estava de volta ao Rio, sem bateria e sem banda, mas com o propósito de difundir o LSD entre a juventude local ligada às transformações que estavam rolando nos Estados Unidos e na Europa. David acabava de aterrissar na cidade, e convidei-o a dividir meu quarto, que além de minha cama e poucos pertences era bastante espaçoso. David comprou estrado e colchão, trouxe a mochila e uns trinta LPs do som da hora, discos que ainda nem haviam chegado à loja Modern Sound, em Copacabana. Um dos discos era o primeiro do Led Zeppelin, recém-lançado lá fora; outro era o *Truth*, do Jeff Beck. Quando ouvi pela primeira vez esse disco fiquei impressionado com o vocalista na faixa "Blues de Luxe". Consultei os créditos na contracapa. O nome do vocalista era Rod Stewart, que no ano seguinte estouraria em extraordinária carreira solo, mas nunca mais tão *extraordinaire* como na faixa "Blues de Luxe" daquele LP de Jeff Beck. Na bagagem David também trazia os primeiros números da revista *Rolling Stone*, publicada em San Francisco, e um livro, também novidade, o *Don Juan*, de Carlos Castañeda. Aquilo tudo me parecia um tesouro enviado diretamente da Arcádia da Contracultura para o meu quarto. David logo permitiu meu acesso a esse tesouro. David, mais que *hippie*, era um *head*, cabeça pensante. Sua figura levava jeito de jovem cientista da escola de Einstein. Era míope, mas perscrutante atrás dos óculos de lentes grossas. Não era de muita conversa, dava sempre a impressão de estar pensando em outra coisa, mas, quando eu puxava assunto, ele se mostrava paciente e professoral. Confiança adquirida, David mostrou-me a maquete de arquiteto que trouxera como parte da bagagem de mão, com todo o esmero para não ser danificada. A maquete tinha como base um grosso isopor e sobre o isopor uma bem arquitetada aldeia comunitária, com catorze chalés, jardins em frente, ruas, postes etc. Teria David, como quase arquiteto, vindo com o propósito de pôr em prática essa aldeia aqui no Brasil? – pensei. Não. A maquete era apenas um disfarce para passar pela alfândega sem gerar desconfiança. David viera com outra ideia: suspendeu um dos chalés da aldeia e sob ela havia um saco plástico com cem comprimidos de LSD 25. Da melhor fonte, disse. E meu deslumbramento cresceu assustadoramente quando, levantando um a um os outros treze chalés, cada um encobria saquinhos com a mesma quantidade de LSD. Aí eu já fiquei preocupado. E os outros dois habitantes do apartamento? Tonacci era cineasta, e cineasta na ditadura não era visto com bons olhos; Adriano, então, àquela altura já até podia estar sendo visado pelos espiões da ditadura. Meu dever era pô-los a par e o fiz. Para minha surpresa, não deram importância ao fato. Adriano e Tonacci, que nem maconha haviam experimentado, por LSD, então, é que não estavam interessados mesmo. Eram *caretas* no bom sentido; no sentido, digamos, de serem mais ajuizados que eu. David fez com que eu não me preocupasse. Por ter entrado no país com ficha limpa de americano estudante universitário, o primeiro passo rumo à coisa certa seria alugar um cofre no Banco do Brasil onde guardaria os 1,3 mil ácidos, ficando com um saquinho de cem que deixaria na geladeira do nosso apartamento para as primeiras experiências com interessados que fosse encontrando. E sempre que um saquinho fosse consumido ele voltaria ao cofre no Banco do Brasil para pegar outro. Na minha proverbial ingenuidade, nem passou pela minha cabeça que David fosse um traficante. Traficante, pra mim, era gente da ralé, e David era um participante ativo da contracultura, um revolucionário, um mestre, um quase-guru. E as coisas parecendo caminhar na santa paz, chegou o dia em que eu disse a David já me sentir psicologicamente preparado para a primeira experiência lisérgica.

54

A PRIMEIRA VIAGEM

David orientou-me quanto ao melhor dia da semana, hora e lugar. Na véspera eu não deveria comer carne de espécie alguma e nada de refrigerante ou outra bebida química, no máximo água, e no fim da viagem, para *cortar*, suco de laranja. No dia marcado, um sábado, despertei cedo e no espírito místico que antecede uma experiência metafísica. Tomei uma ducha, enxuguei-me com toalha limpa, vesti bermuda, camiseta, sandália e fui acordar David. Assim que pronto, ele deu-me o comprimido de LSD 25 e mandou que eu o engolisse com água filtrada. Antes de surtir efeito, tomamos o ônibus para a praia do Vidigal. A praia estava vazia. Em silêncio sentamos na areia esperando o efeito. Demorou um pouco, mas quando veio eu já estava encolhido em posição fetal, prestes a renascer. David, ao lado, atento, observava tranquilo a evolução: a fase do nascimento, o recém-nascido encantado com a paisagem. Como se vista pela primeira vez, a paisagem causava a impressão de algo maior que a vida. No mar as ondas lembravam bailarinas e sereias. E um por um os cinco sentidos (e talvez até um sexto) iam se manifestando, e o recém-nascido ia tomando consciência deles. Primeiro a visão; a seguir o olfato – o aroma de uma simples margaridinha, de tão ativo, era intoxicante. Mas era um odor prazeroso por ser natural; o paladar – a garganta seca, sedenta, sorvia a maresia, que tinha um sabor esquisito mas não desagradável. E que delícia o tato. Ao amassar a areia a sensação era a de estar amassando o corpo de uma senhora que fazia tempo eu não via, e pelo fato de ter vindo à lembrança assim de surpresa deu-me vontade de procurá-la assim que terminada a *viagem*. Nisso, foi a vez da audição. A audição veio com o som ao mesmo tempo estrondoso e cadenciado provocado pelas ondas quebrando na praia em maré crescente, assim como os sons da natureza que se misturavam em sinfonia ora harmoniosa ora agressiva por causa do ruído automotor no asfalto ali atrás na avenida. David não precisava explicar nada porque sozinho eu vivenciava tudo. E me admirava de antes não ter vivenciado com aquela magnitude o que de resto não era novidade. David ao lado, quieto e calado, acompanhava a viagem como um mestre acompanha o discípulo. A impressão era a de que uma eternidade havia se passado quando, achando que já tinha experimentado todas as sensações do lugar, levantei-me querendo mudar de cenário. David, sempre com o cuidado de monitor, acalmou-me quando, à margem do asfalto, entrei em pânico com a agressividade dos veículos que passavam rapidamente feito monstros da era paleolítica. Na verdade aquilo era o presente e o futuro, o paleolítico no caso era eu. Descer a pé a Avenida Niemeyer naquele estado aumentava o pânico. Nisso um carro espetacular estaciona e David diz que é uma garota me chamando. Era Lilian Holzmeister, que eu não via há uns cinco anos, desde quando éramos colegas de elenco em *Sonho de uma noite de verão* n'O Tablado e ela uma das adolescentes que interpretavam os elfos da floresta de Shakespeare. Era a mesma Lilian, agora maior de idade, independente e motorizada. Linda, rica, chique. Fiquei até sem jeito. Mesmo sujos de areia, Lilian ordenou que eu e David entrássemos no carro, que ela nos dava carona. E não era para acreditar no surgimento de elfos, na aparição de anjos?! A viagem lisérgica me jogava a um só tempo no real e no elemental. De modo que sendo ao mesmo tempo as duas coisas, real e elemental, Lilian nos deixou na esquina de casa. Gostaria de ficar mais, matar a saudade, lembrar daquele tempo, contar dela, saber de mim, mas estava indo a um compromisso, não dava para escapar. E assim como surgiu, o carro com Lilian sumiu. Nisso quase anoitecia. Chegamos, o apartamento vazio. David tinha outras coisas a fazer e me liberou, dizendo que dali para frente eu podia curtir o resto da viagem por minha conta. Achei perfeito. Era tudo o que eu queria. Tranquilo, deixando o resto por conta, tomei uma demorada e revitalizante ducha fria, vesti-me e fui caminhar. Na Praça General Osório a Galeria Goeldi estava iluminada, e fui atraído pelas cores exuberantes de grandes telas com cenas rurais em pinceladas corajosas. Magnetizado pela profusão de cores, entrei. Era a exposição do pintor mato-grossense Humberto Espíndola, que eu ainda não conhecia. O pintor estava na galeria acompanhado da secretária. Conversa vai, eles sabiam das minhas peças e ali no ato me convidaram a ir dar palestra sobre teatro brasileiro em Campo Grande e Cuiabá, tudo por conta da Secretaria de Cultura do Mato Grosso. O convite para ir palestrar no Mato Grosso com tudo pago era irrecusável e de pupilas ainda dilatadas o aceitei sem pestanejar. A secretária do pintor anotou meu endereço e ficou de entrar em contato por carta (eu não tinha telefone).

55

Meu quarto vira comunidade hippie

Mesmo fazendo parte da contracultura, eu tinha por hábito dormir cedo e acordar cedo. Chegava da rua e o quarto estava cheio. Pelos olhares dos que lá estavam, era com se minha chegada lhes cortasse o barato. Sentados no assoalho, as costas apoiadas nas quatro paredes, moças e rapazes, gente que eu só conhecia de vista, inclusive uma senhora dinamarquesa conhecida no folclore ipanemenho, gente ali prostrada, umas trinta pessoas, não faziam absolutamente nada. Mudos, olhos bem abertos, ouviam o som dos vinis importados. Muitos certamente *viajavam*. Cigarros de maconha também circulavam, e o cheiro do incenso inebriava. Meu quarto tinha virado comunidade hippie. Eu não os punha fora, mas dava a entender que estava na hora de eles tomarem o rumo de casa, porque eu, o dono do quarto, precisava dormir. A passagem aérea para Campo Grande chegou pelo correio, viagem marcada para dali a uns dias. Daí, na véspera do meu voo, pedi ao David que naquela noite não reunisse seus discípulos porque eu realmente precisava deitar cedo e levantar mais cedo ainda. David, compreensivo, atendeu a meu pedido.

Ao lado da cama a mochila já estava feita, com tudo que era preciso para a viagem, inclusive o livro *Panorama do teatro brasileiro*, de Sábato Magaldi, o qual eu já estava lendo como preparo para as minhas palestras no Mato Grosso. No meio do sono fui despertado pela campainha insistente. Levantei-me para ver quem, da turma de David, a tocava àquela hora. O apartamento ficava no térreo, e a porta do prédio ficava só encostada. Uma que costumava tocar a campainha de madrugada era a Angela Ro Ro, sempre em companhia da amiga Marília. Elas não deviam ter mais que dezessete anos. Mas nessa noite não era a Ro Ro, era outro dos discípulos de David, dos que jogavam frescobol na praia. Com ele estavam dois policiais fardados e armados.

Truculentos, guiados pelo garoto, foram direto ao quarto. Agarraram David (que ainda dormia) e sem muita conversa exigiram dele a tal da droga que andava sendo traficada ali, droga rara na praça e que no Rio só o gringo tinha. Mudo, David foi à geladeira e entregou o punhado de LSDs e aí disse, com serenidade, que aquilo era tudo que tinha. Não convencidos e ajudados pelo garoto, os meganhas reviravam o quarto e levavam roupas, discos, objetos e jogavam tudo na viatura, estacionada à porta do prédio. David permanecia sem reação. E os homens levando tudo. Até que um deles pegou minha Olivetti portátil. Gritei, bravo:

– Não, minha máquina não! É minha ferramenta de trabalho como as armas são as ferramentas de vocês.

Fiquei surpreso por terem deixado a Olivetti. Revistaram minha mochila. Não encontraram nada que os interessasse e a deixaram quieta. Mas meu grito despertou o Tonacci, em seu quarto. Ele apareceu de pijama em meio à balbúrdia e no corredor perguntou, com o semblante tranquilo que fazia dele tipo um lorde:

– Bivar, você pode me dizer o que está acontecendo?

Nisso saem do quarto os dois policiais mais o garoto levando David. Sono perdido, não voltei a dormir. Tonacci me fez companhia. Estávamos preocupados com o que poderiam fazer com David. Vivíamos uma época em que por qualquer motivo davam sumiço nas pessoas. O próprio Adriano, essa noite, não estava em casa. Horas depois David reapareceu, sozinho, calmo como se nada houvera. – Podia ter sido pior – disse. E contou que os policiais o levaram a um pontilhão na Estrada das Canoas, perto do Alto da Boa Vista, ameaçando jogá-lo lá de cima se ele não dissesse onde escondera o resto da droga. David, traquejado no *cool*, inventou umas histórias convincentes, mas não contou que o verdadeiro lote de LSD estava depositado no cofre que alugara no Banco do Brasil. Mas o que me deixou mais encucado nesse imbróglio foi constatar que na turma aparentemente inofensiva de David havia também um dedo-duro, que era o garoto que o entregara à polícia. Nisso chegava minha hora de tomar o avião para Campo Grande.

Depois da palestra em Campo Grande, onde até a miss Mato Grosso se fez presente, me puseram num voo doméstico rumo a

Cuiabá. Esperavam-me no pequeno aeroporto uma moça tipo índia e um senhor do departamento de cultura. Apesar do calor de fornalha que me obrigava a passar a maior parte do tempo no ar-condicionado do hotel, senti por Cuiabá uma espécie de simpatia à primeira vista. Cuiabá ainda não era a Cuiabá que se tornaria e menos ainda a Cuiabá de hoje. Em junho de 1969 ainda era uma cidade antiga, do período do ouro do século XVIII, e seu casario fantasmagórico lembrava um pouco Ouro Preto. E o estado do Mato Grosso era um só, ainda não havia sido dividido em Mato Grosso e Mato Grosso do Sul.

Não havia mais que quinze curiosos na minha palestra na Academia Matogrossense de Letras. Naquele calor sem ventilador senti que o tema da minha palestra lhes parecia irrelevante. Mais interessante, depois, foi conhecer alguns estudantes que me apresentaram a jovens americanos do Corpo da Paz, em missão naquela lonjura. Estavam ligados no espírito da contracultura. Já tinham tomado ácido, fumavam maconha, tinham bons discos e muito assunto. E adoravam a redondeza, misteriosa e rica em diversidade. A Chapada dos Guimarães, então, diziam os jovens americanos, era fascinante. Em Cuiabá também me causou impressão um marco fincado pelo marechal Rondon como sendo ali o ponto central da América do Sul.

Mas se gostei de Cuiabá e da viagem, não gostei nem um pouco do que encontrei na volta, ou pior, não encontrei, no apartamento em Ipanema. Não só meu quarto, o apartamento estava completamente vazio e dilapidado. Levaram tudo. Até o bidê! – constatei. Os quartos de Adriano e Tonacci estavam sem nada. Para onde teriam ido? E David? Ainda bem que eu levara comigo para o Mato Grosso a Olivetti portátil e uma cópia de minha nova peça.

Não soube mais de Tonacci até anos depois pelas boas notícias de seus filmes. Adriano, então, com sua entrada na luta armada, por mais que eu tentasse dele me informar, ninguém sabia. Quanto a David, diziam que continuava no Rio. Mas onde, ninguém sabia dizer. De modo que até encontrar outro lugar para morar, hospedaram-me as amigas Clare e Isabel. Emílio di Biasi também as frequentava. Emílio e eu decidimos voltar para São Paulo para tratarmos da encenação de minha nova peça, *O cão siamês*, que ele dirigiria.

56

O cão siamês de Alzira Porralouca

Em sua biografia Emílio di Biasi conta desses meses de 1969: "Voltamos para São Paulo, Bivar e eu. Depois da aceitação de nossos primeiros espetáculos, já tínhamos a certeza de alguma coisa. Agregamos mais dois amigos, Alcyr Costa e Cacá Teixeira. Amigos fiéis na coragem, no humor e na seriedade. Alcyr era médico, dramaturgo e fez a assistência de direção do espetáculo. Cacá, um talentoso e esperto jovem produtor. Produzimos a terceira peça de Bivar, *O cão siamês*, ou, para despertar mais curiosidade e dar um gostinho à censura, *O cão siamês de Alzira Porralouca*, que a censura fez ficar Alzira PL (mas todos sabiam que PL era porralouca). No meu artigo para o programa, escrevi: 'Já não nos serve a revolução dos *angry young men* ingleses. A nossa tem que ser mais *angry*, já que subdesenvolvidos. Numa época em que o intelectual, o estudante e o artista se tornaram marginais e são tratados como tal, nenhuma ideologia seria possível a não ser a marginal. Alzira, a personagem de *O cão siamês*, é uma heroína marginal, já que faz a apologia de tudo o que vai contra os princípios do que se convencionou chamar sociedade. A sociedade absurda de Ernesto contra o absurdo mundo de Alzira. Alzira é funcionária aposentada dos Correios e Telégrafos; Ernesto, jovem, é o típico vendedor ambulante, executivo em seu terno, gravata e pasta'".

Continua Emílio: "Com a peça estreamos o Teatro do Meio, no complexo Ruth Escobar. Era um pequeno teatro de arena onde a proximidade com o público favorecia a ideia do voyeurismo cúmplice que eu queria. Toda a plateia virava uma grande janela pela qual Alzira ia jogando os pertences de Ernesto, assim como dona Esmeralda, a vizinha invisível. Dona Esmeralda passa a ser todos nós. E o apelo final de Alzira para que pactuemos com seu gesto nos torna cúmplices de uma nova posição. Os espectadores se tornavam cúmplices de Alzira. No papel de Alzira, Yolanda Cardoso era extraordinária. Especial. Única. Energia e humor sem limites, do começo ao fim do espetáculo. A cena em que ela pegava o chicote e obrigava Ernesto a vestir seu vestido de noiva tocando um tambor era inesquecível. Vibrei quando Antônio Fagundes topou fazer o Ernesto. Ainda jovem no teatro, Fagundes surgia como futuro grande ator, o que se confirmou. Ainda mais quando se entregou a essa aventura marginal que propúnhamos. O momento em que a vulcânica Alzira vai anarquizando seu próprio apartamento e Ernesto vai atrás se arrastando, tentando recolocar as coisas em ordem, era o ponto alto dos dois. Hoje sinto que meu começo como diretor foi perfeito. Trabalhei com três grandes textos de um mesmo grande autor e com três elencos fantásticos. Experimentei, fui feliz, vivi intensamente o meu tempo, participei ativamente de um movimento artístico e de uma época conturbada da história do Brasil".

Grande Emílio di Biasi. Tinha pela frente uma brilhante carreira não só no teatro, mas igualmente na televisão, onde foi peça fundamental no sucesso de muitas das novelas mais importantes da TV Globo. E nunca abandonaria o lado experimentalista no teatro, sempre que conseguia uma escapada da televisão. Mas então, voltando a 1969, a cena em São Paulo era borbulhante. Fomos, Yolanda Cardoso e eu, entrevistados no programa de TV de Hebe Camargo. Yolanda, que conhecia Hebe desde quando ambas namoraram o compositor e cronista Antônio Maria, no programa cantaram em dupla "Aconteceu em São Paulo", um samba-canção dele que há muito tempo Hebe gravara e até esquecera, mas que Yolanda fez questão de lembrar, e Hebe adorou. Hebe foi assistir Yolanda em *O cão siamês de Alzira PL* e na manhã seguinte em seu programa de rádio foram só elogios.

São Paulo fervilhava. Até Joan Crawford, a lendária megera de Hollywood, apareceu, para promover a Pepsi-Cola, da qual era sócia prioritária. Joan foi ao programa da Hebe e depois jantou no Gigetto. Até hoje, na parede do Gigetto, tem a foto dela entrando no restaurante. Nisso começava a seleção para o elenco do musical *Hair*. Saído do off-Broadway para a Broadway em 1967 e dali para as *broadways* do planeta, esse musical era o primeiro a mexer com o modus vivendi hippie e a consciência da guerra no Vietnã e de outras injustiças, terminando por passar uma mensagem psicodélica de paz e amor ao mesmo tempo cristã e pagã, no preparo para a chegada da Idade de Aquário. "Let the sun shine in" na apoteose chamava o público ao palco para dançar e cantar junto.

Um dia, na segunda-feira de folga d'*O cão siamês*, Fagundes me disse que queria fazer uma experiência com LSD. Eu ainda tinha uns cinco comprimidos que David me dera e que eu guardava como tesouro a ser consumido em ocasiões bem distanciadas e em viagens sérias de descoberta e aprendizado. Fagundes não devia ter mais que 22 anos. A *viagem*, à tarde, foi no apartamento que eu dividia com Maria Regina e José Vicente. Fagundes sentou numa cadeira à espera do efeito. Eu já havia tido uma ou duas experiências como monitor. Foram experiências tranquilas, tanto que quando Fagundes me pediu para acompanhá-lo na viagem, aceitei. Mas foram as oito horas mais intermináveis de minha vida recente. O ácido *bateu*, mas foi como se não tivesse batido. Fagundes permanecia sentado observando as paredes nuas. Eu já teria visto ninfas e sereias no chapiscado, mas Fagundes dava a impressão de estar vendo o que era: quatro paredes nuas. A não ser que estivesse vendo alguma coisa e não me contava. Fagundes era extremamente racional. Por isso talvez o LSD 25 não estivesse causando o efeito esperado. Ou talvez não. Fagundes podia estar tendo revelações que eu nem imaginava. Foi um alívio quando a viagem que parecia interminável terminou e Fagundes me liberou do papel de monitor e foi pra casa.

57
Chez Maria Regina

Em São Paulo o apartamento que eu dividia com Maria Regina e José Vicente ficava no décimo quinto andar de um edifício perto do Gigetto. Cada um tinha seu quarto. O quarto de José Vicente fora anteriormente a sala do apartamento, de modo que não tendo mais sala cada um recebia suas visitas no próprio quarto, ainda que Maria Regina preferisse que fossem todos para o quarto dela. Maria Regina viera do Rio para atuar em *Hair*. Quando não estava ensaiando ou esperando visita, passava horas na cama devorando a obra completa de Lobsang Rampa. Colegas que vinham do Rio para conferir a temporada paulistana não deixavam de dar uma passada pelo apartamento, cuja fama de comunidade hippie teatral se estendera até o Rio. Das visitas cariocas que apareciam para se informarem das novidades, entre os muitos me lembro de Gilberto Braga, que na época era crítico teatral d'*O Globo*. Outro constante, embora morasse em São Paulo, era o novo autor Mario Prata, que num de seus livros conta que depois de operado da fimose perdeu a (nova) virgindade com Maria Regina nesse apartamento. Sem contar a metade do elenco do *Hair*, de Ariclê Perez a Ricardo Petraglia, que Maria Regina adotara como "irmão caçula". Nisso *Os novos baianos*, que já chegaram curtindo São Paulo numa boa, curtiam uma ainda melhor no apartamento de Maria Regina. Esta, sem perder tempo, já estava logo de namoro com Moraes Moreira. Ricardo Petraglia namorava a Baby Consuelo, ambos com dezessete anos. Um dia, acompanhada de um policial, a mãe de Baby veio buscá-la. Baby não queria, mas a convenci de ir, afinal mãe era mãe, e a dela viera de ônibus desde Niterói. Baby acabou indo. Na semana seguinte voltou mais eufórica do que já era: a mãe a emancipara! Podia seguir em frente a carreira com *Os novos baianos*. De modo que aquele apartamento tem histórias que não acabam mais. O casal Rogério Sganzerla e Helena Ignez também nos frequentava. Helena estava no elenco de *Hair*. Rogério me convidou para escrever com ele um roteiro. No ano anterior ele impressionara a crítica pela linguagem pop de *O bandido da luz vermelha*. Seu segundo filme, *A mulher de todos*, acabava de ser lançado – Jô Soares era um dos atores. E agora Rogério me convidava para corroteirizar seu terceiro filme. Até que tentamos, mas não deu certo. As ideias de Rogério iam numa direção e as minhas em outra e nunca se encontravam. Ainda assim nos divertíamos explorando a cidade, Helena, eu, Maria Regina e Rogério com câmera na mão e nenhuma ideia na cabeça filmando nossas improvisações nessas andanças. Uma tarde fomos parar na bela residência de Helena Solberg, nos Jardins. E ali mesmo no jardim improvisamos e Rogério filmou. Editado, montado, juntando um rolo com outro, daria um longa-metragem sem pé nem cabeça, mas sempre interessante. Ainda hoje não faço ideia de onde Rogério conseguia tanto filme virgem!

Não lembro de quem partiu a ideia, se dele ou minha, mas uma tarde Rogério e eu fomos falar com Dercy Gonçalves, que estava em cartaz no Teatro das Nações. Dercy, com seu jeito desbocado de pôr tudo pra fora, estava proibida pela Censura Federal de fazer televisão. Teatro ainda podia, seu público sabia o que ia ver. Em nossa visita, Rogério propôs a Dercy que ela estrelasse no cinema *O cão siamês de Alzira Porralouca*, filme a ser dirigido por ele. Expliquei o personagem, e os olhos de Dercy brilharam. Em princípio ela peitava a ideia do filme. "Vou dar um empurrão em vocês dois", ela disse. Rogério riu e argumentou que nós também a estaríamos "empurrando" a uma jogada moderna, *jovem*, onde ela poderia se esbaldar como até então não se esbaldara. No papel de Alzira Porralouca ela ia poder *chutar o balde*. Os olhos de Dercy faiscavam com o prospecto – tudo que ela queria era uma oportunidade para, além do *balde*, chutar também *o pau da barraca*. Dercy disse que falaria com seu amigo, o produtor Osvaldo Massaíni, para ele produzir o filme. Rogério também conhecia Massaíni da Boca do Lixo, nome dado ao reduto da baixa prostituição e também onde ficavam as produtoras e distribuidoras dos filmes nacionais.

E nossa turma passou a jantar todas as noites com Dercy Gonçalves no Gigetto. Dercy fazia questão de pagar a conta. A essa altura Antonio Peticov já estava pintando o cartaz do filme, no novo estilo psicodélico. Foi uma pena o filme não ter saído. Alguns meses depois, tanto Peticov quanto Rogério, Helena, e eu, entre tantos outros, teríamos que nos mandar do Brasil e nos refugiar no exílio (voluntário).

Antonio Peticov, como todos, era muito jovem, mas já empenhado como artista plástico e animador cultural. Morava em cima do Gigetto. Seu apartamento era aberto feito um loft e dividido em ambientes. Era a residência de um artista jovem, organizado, sua grande mesa de trabalho com desenhos, projetos e material. E os discos! Peticov tinha tudo que ninguém tinha. Discos importados, desde os melhores óbvios aos menos óbvios melhores, que iam do *Canned Heat* à *Incredible String Band.* E até nisso Peticov era generoso: emprestava-me discos que eu, pela eterna falta de dinheiro, nem podia sonhar em comprar. Sem peça em cartaz, eu agora vivia apenas da coluna semanal que escrevia para a revista *O Cruzeiro*, que nessa época já não ia bem das pernas. Como agitador cultural, Peticov levou-me a participar do Júri de Ataque de um festival de música da TV Record. Da experiência, a memória registrou um instante. Aracy de Almeida era a chefe do nosso Júri de Ataque. Tom Zé apresentou a música com a qual concorria. O veredicto de Aracy: "Tonzé, essa não dá pé". Tom Zé levou numa boa e sentiu-se até premiado, com a rima de Aracy.

Por causa da *bandeira* hippie a repressão policial da ditadura tentava nos enquadrar, e de vez em quando éramos presos sob o pretexto de "averiguação". Éramos encanados na mesma cela com presos de outras extrações sociais para sermos liberados na manhã seguinte. Tudo era válido. Considerávamos a experiência como aprendizado na escola da vida. No Rio acontecia diferente. Alguns *piravam* só para frequentar o Pinel. Ainda no Rio muitos buscavam internação no instituto da dra. Nise da Silveira. "A loucura era o sol que não deixava o juízo apodrecer", frase atribuída a São Francisco de Assis tornada bordão hippie. O espírito franciscano também fazia parte da nova atitude.

58

Meu prêmio Molière

Na segunda-feira, 27 de outubro de 1969, os jornais anunciavam a festa. Na *Folha de S.Paulo*: "A Air France entrega hoje os prêmios Molière aos melhores do teatro e cinema do ano passado. A entrega será às 22 horas no novo Teatro Record com um show de Elis Regina e Miéle. Receberão os troféus de teatro, Antunes Filho (diretor: *A cozinha*); Lilian Lemmerz (atriz: *Dois na gangorra*); e Antonio Bivar (autor: *Abre a janela e deixa entrar o ar puro e o sol da manhã*). No cinema venceram (...)". O prêmio constituía-se de uma efígie (busto) de Molière em mármore e passagem de ida e volta a Paris extensível para um ano se o premiado desejasse permanecer na Europa. Continuava a reportagem da *Folha*: "O espetáculo será transmitido pelo Canal 7. Os convidados deverão usar traje a rigor e apresentar convite". A reportagem de página inteira dava um resumo da carreira de cada premiado: "Quando Antonio Bivar surgiu em São Paulo com *Abre a janela*, já era conhecido no Rio com *Gildinha Saraiva*, sua primeira peça, ainda inédita aqui. *Abre a janela* não causou grande impacto no público, mas anunciava um dramaturgo de talento. Usando uma linguagem em que o irreal e o poético se entrelaçam, Bivar criou um mundo de fantasia e pesadelo para falar do relacionamento entre as pessoas. Seu nome se firmou definitivamente com a estreia de *Cordélia Brasil*, sua melhor peça, numa excelente interpretação de Norma Bengell em uma das personagens femininas mais vigorosas do teatro brasileiro. Assim é o bom teatro de Antonio Bivar, trinta anos, nascido em São Paulo, criado no interior do estado, ex-aluno do Conservatório Nacional de Teatro, do Rio. Sua última peça, *O cão siamês*, esteve em cartaz recentemente. Atualmente, Bivar escreve *A passagem da rainha*".

A composição do meu traje a rigor foi feita por amigos, descolando uma peça daqui, outra dali, resultando num smoking improvisado. No lugar do black tie um foulard para disfarçar a camisa comum. Na coxia, enquanto aguardava minha vez, por alguns minutos estive a sós com Elis Regina, que fazia aquecimento. – Você que é o Antonio Bivar? – perguntou Elis. – Quantos anos você tem? – 28 – respondi, diminuindo dois anos. E Elis: – Você não se sente velho? – Não! Por quê?! – respondi, estranhando a pergunta, já que me sentia um adolescente. E ela: – Estou com 25 e me sinto velhíssima.

Chamado ao palco nem deu tempo de botar Elis pra cima. Ao entrar fui aplaudido pela claque de amigos. Os aplausos exagerados vinham de um lado da plateia. Morri de vergonha. Nem lembro quem me entregou o prêmio e nem do meu pequeno discurso de agradecimento.

Depois da entrega do prêmio, do show de Elis e Miéle e dos cumprimentos, fui jantar com minha turma no Gigetto. Na saída ia esquecendo na mesa o busto do Molière quando um garçom veio correndo me entregar. Nos dias seguintes fotos nos jornais. E me contaram que Hebe Camargo em seu programa matinal no rádio comentando a festa disse que de todos os premiados fui "o mais comovente". "Uma gracinha!", disse a loira.

59

O RITO DO AMOR SELVAGEM

As novidades da sociedade alternativa eram irresistíveis. Daí um dia fui ao litoral sul conhecer uma comunidade mantida por uma família belga. Corria boato que era uma família de bruxos. Rose Marie, a mãe, cismara comigo ao ser-me apresentada em São Paulo por uma conhecida comum. Daí, cismado com a cisma dela, chamei um amigo, Lourenço, para me acompanhar na viagem. A ideia era ir e voltar no mesmo dia, ou, no máximo, na manhã seguinte. Era verão e fomos com a roupa do corpo. A viagem de ônibus de São Paulo levava cerca de duas horas. A comunidade dos belgas ficava numa praia quase deserta. Logo na chegada o lugar me fez lembrar o que havia lido sobre a comunidade de Charles Manson na Califórnia. Além da família, os outros membros, se é que eram membros, me pareceram zumbis de baixa extração. Mas o chefe da casa (o pai) e os dois filhos adolescentes (um casal) me pareceram gente decente e até convencional – com o charme belga, lógico, o que dava à atmosfera uma aura diferenciada. Nada que lembrasse bruxos. Mas a mãe não lembrava outra coisa. Rose Marie, loura e de olhos azuis penetrantes, logo me separou dos outros me levando a um aposento tipo santuário, onde, disse, só ela entrava. Na primeira olhada senti que ali rolava vodu. Rose Marie pegou uma boneca e dela arrancava e nela tornava a espetar alfinetes. Senti pena da boneca como se o espetado fosse eu. E os alfinetes eram bem maiores que o alfinete comum. Daí Rose Marie foi direta e reta: disse que eu estava no caminho errado, que o teatro estava morto e que ela é que estava viva; por isso queria um filho comigo, o qual seria, em outras palavras, a resposta abaixo do Equador ao bebê da Rosemary, que já devia estar mais crescidinho lá em Manhattan. Aquilo me pegou de chofre. Engoli a língua e perdi a fala, meus olhos vidrados na boneca sendo alfinetada. Temeroso do assunto, eu nem tinha lido o livro de Ira

Levin e nem visto o filme do Polanski, mas sabia, por alto, do que se tratava. Dali para frente senti-me desconfortavelmente enfeitiçado, à mercê dos augúrios de Rose Marie. Lourenço, ao contrário, parecia estar à vontade com os filhos da bruxa, adolescentes aparentemente saudáveis e da mesma idade dele. O marido pediu desculpas por não poder me dar atenção. No mezanino consultava um enorme atlas como se à procura de outra geografia. Nisso aconteceu o primeiro dos sustos que eu levaria no decorrer da visita. Do nada surgiu um automóvel. Dele desceram duas primas de minha mãe e o marido de uma delas. Passavam férias na cidade a quinze quilômetros dali e, tendo lido no jornal a reportagem sobre a comunidade belga e que nela se fazia artesanato, resolveram visitá-la. Levaram um susto quando me viram, e eu susto maior quando os vi. Imaginei que a aparição fosse coisa de forças contrárias à da bruxa e que, sem que soubessem, haviam sido enviados para me salvar. Mas não aconteceu o diálogo esperado porque a bruxa ali perto controlava minha mente e minha língua. Meus parentes, desconfiadíssimos, deram tchau, entraram no carro e foram embora. Mal tive tempo de respirar quando chegaram de motocicleta o Peticov e o Arnaldo Batista, dos *Mutantes*. Isso porque na véspera eu avisara Peticov dos possíveis perigos da viagem e pedi-lhe que não me perdesse de vista. Acompanhado de Arnaldo, Peticov foi lá ver como eu estava e até me trouxe um ácido pra que meu estado se alterasse para melhor (ou pior). Distraído, Peticov deixou a latinha de ácidos sobre a mesa e saímos, ele, Arnaldo e eu para inspecionar a paisagem. Quando voltamos, a latinha havia sumido. Indignado com a falta de seriedade daquela comunidade, Peticov falou para eu não me preocupar que na sequência enviaria reforço. Daí, com Arnaldo na direção, montaram na motocicleta e arrancaram à estrada tipo *Easy Rider*. Assim que sumiram de vista, e sem que a bruxa visse, fui à cozinha e com a ajuda de um copo de água fresca da talha de barro engoli o ácido que Peticov me dera. Horas depois, horário de verão, o sol demorando a se pôr, chegou uma Kombi. Dela desceram a coreógrafa Maria Ester Stocler e seu corpo de baile – bailarinas adolescentes da peça *O rito do amor selvagem*, de José Agripino, espetáculo que causava ruído no Teatro São Pedro. Vieram me socorrer, a mando de Peticov. Nitidamente racionalista Maria Ester não viu nada demais naquilo que Peticov lhe contara sobre a comunidade belga, mas depois, encarada por Rose Marie, sentiu que a atmosfera tinha de fato algo de sinistro. Nisso os olhos de Lourenço e os de Kate, uma das ninfetas-bailarinas, se cruzaram e todos os presentes testemunharam as faíscas de um amor à primeira vista. Mal elas se foram, Rose Marie, entregando-me um embornal, ordenou que eu fosse com Lourenço até a mata à cata do escaravelho verde. Fomos, com a pulga atrás da orelha. Por que escaravelho verde? Qual seria o significado ocultista daquilo? A mata até que ficava perto. Logo que pusemos os pés na entrada, chamou nossa atenção um lindo e fosforescente escaravelho verde, bem no meio do caminho, como a pedra de Drummond e o Rosebud do *Cidadão Kane*. Lourenço, com cuidado pra não levar picada, pegou o escaravelho e jogou-o no embornal. Assim que entregamos o embornal à bruxa, ela, como se já o esperasse, pegou o escaravelho e enfiou-o em uma fôrma arredondada e despejou acrílico líquido em cima, dizendo que assim que secasse ela mandaria os membros da comunidade venderem como peso de papel na feira hippie de domingo na Praça da República, com outros artesanatos da comunidade. E o escaravelho ainda se movia afogando-se no acrílico. A maldade para com um ser vivo, ainda que um simples escaravelho verde, fez com que Lourenço, repugnado, me chamasse a um mergulho no estuário. Foi quando pela primeira vez nesse dia, graças ao poder benfazejo da água e do ácido que Peticov me dera para que meu estado se alterasse, voltei a me sentir de novo eu, livre do domínio de Rose Marie. Imagina ter um filho com ela, só faltava! Novamente na posse de meu juízo, eu era definitivamente um ser do bem, do bem total. Mas bastou voltar a casa para o feitiço continuar de onde havia parado. No jantar, todos à mesa redonda, e eu, feito bobo, insistindo em tomar a sopa com garfo, como se querendo provar a todos que o único ali a fazer a coisa certa era eu.

No meio da noite, quando todos dormiam, Lourenço despertou-me para irmos embora, pois sentia que muita coisa ainda podia acontecer antes que o sol raiasse. Disse que até tivera um sonho no qual Rose Marie entrava no meu quarto. Sonho? Aquilo me deixou com a pulga (atrás da orelha). Assim que Lourenço contou o sonho, eu ainda na cama desci a mão até a região pélvica e senti a cueca molhada. Também devo ter sonhado, embora não lembrasse do sonho, mas sem dúvida tivera uma polução. Ou teria Rose Marie entrado no quarto e, com suas artimanhas de bruxa, me possuído dormindo? Levantei-me num pulo e disse: "Vamos embora imediatamente. Nossos quartos tinham portas para fora da casa, de modo que foi fácil escapar. Um dos cachorros, o que parecia ser do bem, nos acompanhou em toda a longa caminhada pela areia até Itanhaém, onde, exaustos, tomamos o ônibus de volta a São Paulo. Na verdade Lourenço estava era ansioso para rever Kate à saída d'*O rito do amor selvagem*. Acabaram se casando e tiveram três filhos.

Na noite seguinte, depois de jantar com minha turma no Gigetto, ao sair do restaurante avistei Rose Marie na calçada com sua entourage de zumbis. – Por que você fugiu? – perguntou, como se eu ainda estivesse sob seu domínio. – Não fugi – respondi. Sentia-me seguro, com a turma dando força. Dr. Alcyr, que também tinha poderes, encarou Rose Marie e disse: – Você que é belga devia saber melhor que ninguém o que é *sair à francesa*. – Perdida a batalha, Rose Marie deu meia-volta e foi embora seguida pela tropa de zumbis para tão cedo não voltar à baila. A verdade é que a experiência com a bruxa belga me deixara *bruxuleado*. Achei melhor mudar de ares e ir passar uns dias no Rio de Janeiro.

60

Só faltava essa

Clare foi franca e disse que São Paulo não estava me fazendo bem, eu estava "muito esquisito". Isabel, tentando ajudar, disse que uma socialite conhecida nossa estava indo numa tal de Vovó Durvalina, lá em Brás de Pina. Na mesma hora idealizei essa vovó como qualquer outra vovó – boa, justa e sábia. E se eu estava esquisito, como Clare afirmava, talvez a tal vovó me fizesse voltar ao normal. Isabel telefonou para a socialite e no dia combinado ela veio me apanhar. Já foi logo avisando que a barra no terreiro era pesadíssima, magia negra, "de ficar com o cu assim, ó", disse, mostrando o polegar e o indicador em círculo apertado sugerindo cu travado. Como eu tinha escapado da magia negra da bruxa belga, com certeza também escaparia dessa. Na minha inocência eu duvidava que essa vovó pudesse ser ligada ao mal. Meu santo, eu acreditava, continuava forte. E fomos para Brás de Pina no carro da socialite. Ela, eu e o motorista. Era um sábado de fevereiro de 1970. O motorista era um senhor já de certa idade, refinado, discretamente efeminado – imaginei que ele também pudesse ser o mordomo da socialite. Parecia bem relacionado (citou uma cantora e uma atriz). Chegamos. Em Brás de Pina o calor era de fornalha do diabo. O terreiro da quimbanda era pobre, mas limpo. Chão de terra batida bem varrido. Sob o teto sem forro, sentadas em bancos dispostos em círculo, umas vinte e tantas pessoas aguardavam o início do ritual. Gente de várias extrações ali reunida para *trabalhos* que, de algum modo, para o bem ou para o mal, resolvessem suas vidas naquela fase. Uma consulente contava, aos que quisessem ouvir, que estava ali pra fazer despacho para acabar com o casamento feliz da nora e trazer o filho de volta. Havia até um famoso ator de telenovela que foi encomendar trabalho porque um colega invejoso o estava secando nas gravações. De repente começa o batuque. Os do terreiro iam recebendo as entidades. Desconfiei que o terreiro fosse eclético, pois a própria socialite também recebeu. De camisola branca, ela recebeu uma entidade tranquila do Oriente remoto. Mas daí um bode amarrado começou a berrar intuindo que logo seria degolado. Uma consulente tipo perua segurava uma galinha. Antes ela dissera aos que a ouviam que tinha ido fazer um trabalho para "soltar a franga". A socialite, através de sua entidade oriental, procurava acalmar-me dizendo eu ia ser o último a ser atendido no recinto fechado de Vovó Durvalina. O jeito foi esperar minha vez. Acabei cochilando. Mas logo fui despertado com a gritaria por conta de um inesperado apagão. A luz voltou, e o famoso ator estava coberto de sangue do bode decapitado. Sua expressão era de dúvida, como que se questionando se agira bem encomendando um trabalho contra o rival. Um membro da cúpula do terreiro o confortava dizendo que o trabalho era necessário:

– O meio artístico é um covil de serpentes – disse.

Ao chegar a minha vez, o dia quase raiava. Daí fui levado ao recinto de Vovó Durvalina. Toda aparamentada, sentada numa espécie de trono, lembrava mais uma rainha que a vovó que eu imaginara. Era servida por duas atendentes. Antes de perguntar que trabalho eu queria encomendar, Vovó Durvalina teatralizava a sessão a começar por tirar do braseiro um ferro quente e com ele marcar meu ombro esquerdo. Ouvi o chiado do ferro em brasa na carne, mas dor mesmo não senti nenhuma. O que de certa forma me deslumbrou. A seguir vovó mandou outra atendente trazer a tesoura para cortar meus cabelos, nessa época compridos até o ombro. Cabelo longo era atestado de membro da comunidade universal de paz e amor. Que vovó cortasse apenas uma mecha. E vovó cortou, com tesourada de profissional. Entregou a madeixa à atendente ordenando-lhe que a guardasse na caixa de sete chaves. Sete chaves?! Como teatrólogo eu acompanhava a encenação com genuíno interesse. E o ritual continuava. Agora com um punhal, vovó fez furos nas pontas dos cinco dedos de sua mão esquerda. Juntou as pontas e apertou-as até as gotas de sangue caírem numa taça de vidro grosso. Uma das atendentes despejou vinho, e Vovó

Durvalina, depois de uma girada para misturar sangue e vinho, estendeu-me a taça e ordenou: – Beba.

Jesus!, pensei, apavorado, e agora?! No mesmo instante, por conta da irmandade à qual pertencíamos, através de mensagem telepática, acudiu-me Yoko Ono. Maravilhei-me por Yoko vir me socorrer, ainda que por telepatia. E ainda que de longe eu nutrisse certa simpatia por ela. Yoko aconselhou-me a beber da taça para não causar barraco no terreiro. Disse que depois, lá fora, sem que ninguém visse, eu enfiasse o dedo na goela e vomitasse aquilo fora. Ou então que deixasse por conta da digestão. O organismo tudo expele, disse. Entendi. Acalmado por Yoko, eu ia tomar o primeiro gole quando vovó arrancou a taça de minha mão e bebeu-a ela mesma. Depois de estalar a língua deliciada pela última gota, até se dispôs a um descontraído dedo de prosa. Garantiu-me: – Como artista, você está no caminho errado. Você não é escritor, você é pintor. Seu dom maior não está na datilografia, mas nas pinceladas. – Ao lado uma pomba-gira suspendeu a saia pra que eu tivesse um rápido vislumbre de sua xoxota. – Formosa! – exclamou, levando bronca de Vovó Durvalina que, mudando o tom, objetivou perguntando o que eu andara aprontando ultimamente, enfim, que trabalho eu viera encomendar para acabar com o encosto. Posto em tenência, respondi com naturalidade: – Não quero trabalho nenhum, vovó. Nem vim com essa intenção. Vim mais para pedir sua orientação pra que eu volte a ser uma pessoa normal e aí, sim, contribuir para que a humanidade também recupere o juízo dela e se salve. – Não seja pretensioso – disse vovó, já se mostrando impaciente. – Não seja tolo. A raça humana não tem salvação. – Tem salvação, sim – afrontei-a, convicto daquilo em que sinceramente acreditava. Furibunda por sentir-se afrontada em seu próprio domínio vovó Durvalina arrancou bruscamente o turbante e vociferou: – O PODER AQUI DENTRO SOU EU.

Confesso que levei um susto. As quatro ou cinco pessoas no recinto também se assustaram. Aquilo nunca tinha acontecido no terreiro. Até então vovó Durvalina nunca tinha perdido as estribeiras e nem desencarnado de modo tão furibundo. Sem o turbante, Vovó

Durvalina era o motorista da socialite! Ordenou que todos saíssem do recinto. Já do lado de fora, as atendentes e a socialite estavam perplexas. O dia raiado e o calor já infernal, uma das que haviam recebido a pomba-gira (a que exibira a xoxota), falou pra eu não contar pra ninguém do acontecido. Que ficasse entre a gente. E eu preocupado – retornar a Ipanema no mesmo carro com a socialite e seu motorista? Não havia outro jeito. Durante o percurso, nenhum dos três abriu o bico. A socialite parecia uma Barbie desmilinguida. Pediu para ser a primeira a ser deixada em casa. O motorista abriu-lhe a porta e ela desceu, trôpega, mandando-o me deixar em casa. Passei para o banco da frente e fomos conversando como se nada houvera. Na despedida ele aconselhou-me a voltar ao terreiro "para desenvolver". Em casa contei a Clare a experiência. Penalizada, Clare até chorou por eu ter sido praticamente *sacrificado.* Ainda bem que escapara com *alguma* vida! Clare deu uma bronca em Isabel, a culpada por eu ter sido posto nessa roubada. Tudo bem, acalmei-as, aquilo também era válido como experiência, inclusive a marca do ferro em brasa fixada no meu ombro esquerdo por Vovó Durvalina no início da sessão.

61

A PRISÃO

Voltei a São Paulo menos aturdido e animado com o prospecto da viagem para breve. Com a passagem na mão, faltava tirar o passaporte e conseguir dinheiro para o primeiro mês no exílio. No Gigetto estávamos preocupados porque Peticov estava preso. Apesar de o LSD no Brasil ainda não constar da lista das drogas ilegais, a polícia estava à cata dos cabeças, para que estes, ainda que torturados se preciso, explicassem que porra de droga era aquela, seus efeitos e principalmente sua fonte. A polícia certamente queria entrar na onda, e ela mesma, em sua facção escusa, traficá-la. Então, prenderam o Peticov, tido como "o papa do LSD" em São Paulo. À saída do Gigetto fui assediado por agentes do Setor de Narcóticos. Meu nome constava na agenda de Peticov apreendida pela polícia. Também, não fazia tempo eu havia sido entrevistado por Artur Laranjeira para o *Jornal da Tarde*. O título da reportagem era: "Esqueça os Beatles, ora. E leia tudo sobre Antonio Bivar. Ele também toma LSD". Sábato Magaldi, crítico teatral do *JT* e nosso amigo, achara a matéria leviana e péssima para a imagem do teatro, imagem já tão corroída pela ditadura. Senti-me mal compreendido. Afinal, acreditava piamente, como dramaturgo e participante ativo da contracultura, ser meu dever viver meu tempo e divulgar minha época. A matéria até que não era má, ainda que transmitisse uma excessiva *joie de vivre*. Mas essa entrevista também estava lá, no arquivo do Setor de Entorpecentes da Polícia.

Os agentes, sem agressão e até cavalheiros, mostraram a carteira policial e com suave voz de prisão disseram que eu ia com eles na viatura. Passava da meia-noite de uma sexta pra sábado. Um dos agentes disse: – Você vai ficar detido até segunda-feira, quando deverá ser entrevistado pelo delegado.

A cela ficava no porão. Uns trinta já estavam dentro e outro tanto chegaria depois. Foi um fim de semana atrás das grades. A comida em prato de alumínio entrava por uma janelinha na grade. Só consegui engolir a canjica. Fiz greve de fome para não ter que passar pelo vexame de defecar na frente de todos, pois o sanitário da cela era aquele rente ao chão, em que o prisioneiro tem que baixar as calças e defecar agachado. Alguns prisioneiros de extração mais escrota não estavam nem aí e sem o menor pudor cagavam na frente de todos. Não tendo com o que limpar o cu, eles simplesmente levantavam as calças. E só não cagavam e andavam porque na cela apinhada não havia espaço.

Na manhã da segunda-feira fui levado a uma sala ampla e arejada, dois pisos acima. Na sala éramos seis. O delegado Angelino Moliterno, o escrivão da polícia (que anotava tudo pelo método taquigráfico), um jornalista da polícia para depois divulgar à imprensa, um fotógrafo (também da polícia), o barbeiro para tosar à máquina zero minha cabeleira, e eu. Em princípio não vi no delegado a figura assustadora que dele falavam na cela. No fundo devia fazer jus ao angelical nome de Angelino, recebido na pia batismal. Mas algo também me alertava que ali não era o Angelino e sim o Russinho, como era conhecido, famoso por pertencer ao Esquadrão da Morte. Ele veio na minha direção segurando um pau com o qual batia na palma da outra mão, como que deixando claro que se eu não falasse a verdade ele me baixava o porrete. – Já tomou chá de eucalipto? – perguntou de chofre. Na minha proverbial boa-fé, entendi que chá de eucalipto devia ser bom para fazer a limpeza interna depois de dias na infecta cela. Russinho deixou claro, batendo mais fortemente o porrete na palma da mão, que chá de eucalipto seriam as porretadas com aquele pau de eucalipto, se eu não contasse tudo.

Impressionante como nessas horas a presença de espírito me acudia: não me sentia culpado de absolutamente nada. Russinho pegou meu caderninho de endereços – não sei como foi parar na mão dele – e foi virando aleatoriamente as páginas, parando aqui e ali para perguntar entre os nomes quem era esse e aquele. Até eu ficava surpreso com minhas respostas. De cada um dos nomes apontados, graças à minha técnica de ficcionista, eu dava um rápido perfil. Os que nada tinham que os denegrisse, eu os punha pra cima, e os que pudessem eventualmente ter alguma culpa no cartório, eu os ficcionava. O primeiro nome foi o de Barbara Heliodora. O delegado quis saber quem era, no que tirei de letra contando tratar-se de senhora idônea, casada, mãe de família, funcionária do governo, professora federal e no Brasil a maior autoridade em Shakespeare. Russinho ficou impressionado. E assim os outros nomes, que minha imaginação levava o delegado à conclusão que de fato eram pessoas tão idôneas quanto Barbara Heliodora. Mas daí Russinho quis saber da tal comunidade belga onde estive e Peticov fora me visitar, quando roubaram sua latinha de LSD. Aquilo me pegou de surpresa. Mas no mesmo instante entendi que Peticov ao ser preso e ameaçado de tortura em vez de entregar amigos entregou a comunidade da bruxa belga. Daí era minha vez de inventar uma história sobre aquela gente. Disse tratar-se de uma família normal, o pai, dr. Wilhelm, era geólogo, doutorado pela academia de Antuérpia, de passagem pelo litoral sul a mando de sua universidade para pesquisar in loco a geografia, mas que, segundo suas pesquisas no Atlas, já estava de mudança para a floresta amazônica peruana. Gente decente, europeus. A esposa, madame Rose Marie, realmente era esquisita. Talvez pelo fato de ser, além de belga, celta. No mais, era gente tão distinta que a casa vivia de portas abertas. Muitos curiosos apareciam para ver esses estrangeiros, tão diferentes dos caiçaras locais. Eu mesmo tinha ido lá movido por essa curiosidade. Daí que algum visitante de passagem, vendo a latinha do Peticov ali na mesa, a surrupiou. Mais pela latinha em si que pela droga nela contida. Russinho, absorto, me ouvia como quem ouve um bem qualificado contador de lorota. Comentou o desgosto que lhe causara John Lennon e a amante japonesa posando nus e drogados na cama de um hotel no Canadá. Aquilo era um péssimo exemplo para a juventude. Daí ele quis saber qual era o efeito do LSD. Viciava? Não, absolutamente, não viciava – afirmei com convicção. Era uma substância séria, que fazia entender melhor a condição humana, ajudando as pessoas a se acharem, ou a se perderem (em viagens sem volta, se não ingerido com orientação e cautela). Russinho parecia interessado e perguntou se eu achava que ele devia experimentar. Respondi que sim, uma única experiência já daria para ele ter uma ideia abrangente. Contei-lhe que eu mesmo fizera poucas experiências e todas com o propósito de autoconhecimento, mas também para conhecer melhor meus semelhantes, chegando à conclusão que no fundo todo mundo é do bem, ainda que muitos, talvez ele mesmo, precisassem de uma tomada de consciência para pôr o bem em prática. E que se ele conseguisse um ácido e fizesse uma viagem (ofereci-me para ser seu monitor) com certeza iria descobrir a verdadeira vocação, mesmo que continuasse na profissão de delegado. E já que casado e pai de família, poderia tornar-se exemplo modelar para os filhos, e para a própria polícia.

Só sei que Russinho não me baixou o porrete. Mandou-me de volta à cela com a promessa de que na manhã seguinte, terça-feira, eu seria posto em liberdade. Promessa cumprida. Na manhã de terça, em sua sala para a despedida – e já com certa descontração por conta da cabeça raspada –, contei-lhe que recebera o prêmio da Air France como melhor autor no teatro e que o prêmio era uma passagem aérea para a Europa, pretendendo viajar logo, assim que tirasse o passaporte. Russinho, só para contrariar, disse: – Você não vai viajar, não. Não antes de ser novamente convocado pelo delegado-chefe para outros esclarecimentos.

Meu primeiro impulso assim que ganhei a calçada e aspirei o ar poluído e o cheiro de bueiro entupido pelas chuvas de fevereiro foi procurar uma banca de jornal. Do paulistano *Notícias Populares* ao carioca *O Globo*, em todos eu estava na primeira página. Era como se finalmente eu tivesse chegado lá, no cerne do *zeitgeist*. Em *O Globo*, edição de terça-feira, 24 de fevereiro de 1970. Diretor-Redator--Chefe: Roberto Marinho. Como toque de curiosidade histórica, vejamos algumas chamadas na primeira página: Suíça fecha porta aos árabes. Peixes estão morrendo ao largo de Copacabana. Troca de ministros na pasta da Indústria e Comércio do presidente Médici. Em Angra, à margem da futura estrada Rio-Santos, será a localização da primeira usina atômica – as primeiras remessas de equipamentos para a usina chegarão em princípios de 1971. E no outro lado da página, à direita, minha foto de meio corpo, foto do arquivo do jornal:

lenço amarrado na testa, colares hippies no pescoço, cabeça erguida e confiante, olhos abertos e fixos no infinito. O *lead*: "O tóxico está matando três pessoas por dia em Nova York. Paris abriu os olhos e descobriu que o número de viciados em drogas, na França, é vinte vezes maior que a estimativa oficial. Em São Paulo, o LSD levou à prisão o jovem teatrólogo Antonio Bivar, prêmio Molière, autor de (...)" e o texto continuava na página 12 "(...) foi preso ontem, segunda-feira (na verdade fui preso na sexta) envolvido na onda do LSD". E a reportagem terminava: "o teatrólogo está com viagem marcada para a Inglaterra para os primeiros dias de março, mas terá que adiá-la, pois se encontra detido à disposição do delegado Luís Carlos Rocha". Fui à Telefônica e liguei para meus pais no interior dizendo para não se preocuparem, que eu estava bem e logo iria passar uns dias com eles.

62

As últimas semanas antes do exílio

Ao ser posto em liberdade e voltar para o apartamento que dividia com Maria Regina e José Vicente, o zelador do prédio disse que já não éramos mais inquilinos. Liguei para uma amiga, Iara, ela devia saber o que acontecera. Iara estava em reunião na Abril, onde trabalhava como editora-chefe das revistas *Capricho* e *Ilusão.* Informada de quem a chamava, atendeu o telefone. Disse que mais tarde em seu apartamento me contaria tudo. Estava ansiosa para me ver careca. À noite, em seu apartamento no bairro Paraíso, eu de banho tomado e roupa limpa que guardara pra mim, assim como o baú com a colcha de vicunha de Maria Regina, Iara, enquanto jantávamos, foi me pondo informado do acontecido na minha ausência. Segundo Iara, Maria Regina abandonara o elenco do *Hair* sem avisar, causando enorme transtorno à produção. E para onde fora Maria Regina? Para Arembepe, Bahia, decidida a ser hippie em tempo integral. E José Vicente? Voltou para a casa dos pais, contou Iara. De modo que passei as últimas semanas em São Paulo socorrido pela amiga, que também me orientou onde tirar o passaporte, os documentos que devia levar etc. A foto do passaporte eu havia tirado antes de ser preso, ainda de cabelo comprido.

Munido de passaporte e passagem, só faltava a grana para os meus primeiros passos no exílio. A Providência mais uma vez acudiu. Rodolfo Nanni, diretor do lendário *O Saci* (seu único filme, de 1953, baseado em Monteiro Lobato), agora, dezesseis anos depois, ia voltar a filmar e escolheu minha peça *Cordélia Brasil.* Noticiado de que em breve eu ia partir sem data para voltar, Nanni me alcançou para tratarmos da cessão dos direitos, o contrato assinado e o pagamento. Mil dólares em *cash.* Achei pouco, mas entendi. O cinema brasileiro atravessava uma das piores fases, e fazer filme era aventura arriscada. No mais, mil dólares me bastavam para chegar ao exílio.

Ainda nesses dias em São Paulo houve leitura d'*A passagem da rainha* no apartamento da atriz Cleyde Yáconis. Além de Cleyde, na leitura estavam Célia Helena e Oscar Felipe. Todos se deliciaram com meu texto e decidiram que iriam encená-lo. Mas a peça foi proibida sem apelo e continuaria proibida até a Abertura. Liberada, perdera seu momentum.

Antes do voo, fui passar uns dias em Ribeirão Preto e me despedir da família. Na verdade não sabia se voltaria dentro de um mês ou dentro de um ano. A única certeza era que voltaria. Fazia sete anos que deixara a casa de meus pais, que continuava meu *pied-à-terre*. Nesses anos não parei de trabalhar, estudei como pude, era um autor reconhecido e premiado e estava decidido a fazer dessa viagem, mais que exílio, umas longas e merecidas férias. Afinal ia fazer 31 anos e vinha trabalhando feito burro de carga desde os quinze.

Exílio forçado ou voluntário estava na moda. E os exilados eram todos, por diversos motivos, exilados políticos. Meu próprio exílio não deixava de ser político. Os exilados mais ligados à contracultura se exilavam em Nova York ou Londres. Escolhi Londres. Sobre a aventura desse ano no exílio escrevi um livro, *Verdes vales do fim do mundo*, o qual, embora escrito e publicado décadas antes deste, começa exatamente onde este termina.

IMPRESSÃO:

GRÁFICA EDITORA
Pallotti
IMAGEM DE QUALIDADE

Santa Maria - RS - Fone/Fax: (55) 3220.4500
www.pallotti.com.br